21世纪高职高专精品课程系列

ERSHIYI SHIJI GAOZHI GAOZHUAN JINGPIN KECHENG XILIE

会计学基础实训

KUAIJIXUE JICHU SHIXUN

主 编 李 艳 王鸿艳

副主编 杨艳秋 来 燕

中国经济出版社

CHINA ECONOMIC PUBLISHING HOUSE

北 京

图书在版编目（CIP）数据

会计学基础实训/李艳，王鸿艳主编

北京：中国经济出版社，2010.02

（21世纪高职高专精品课程系列）

ISBN 978-7-5017-9625-0

Ⅰ.会… Ⅱ.①李…②王… Ⅲ.会计学—高等学校：技术学校—教材 Ⅳ.F230

中国版本图书馆CIP数据核字（2009）第208314号

责任编辑 伏建全 孙晓霞

责任印制 张江虹

封面设计 北京博思尚雅图文设计

出版发行 中国经济出版社

印 刷 者 三河市佳星印装有限公司

经 销 者 全国各地新华书店

开　　本 787mm×1092mm 1/16

印　　张 11.5

字　　数 210千字

版　　次 2010年02月第1版

印　　次 2011年09月第2次

书　　号 ISBN 978-7-5017-9625-0/G·1356

定　　价 22.00元

中国经济出版社 **网址** www.economyph.com **社址** 北京市西城区百万庄北街3号 **邮编** 100037

本版图书如存在印装质量问题，请与本社发行中心联系调换（联系电话：010-68319116）

出版说明

根据高职高专教育培养实用型、高素质、技能型人才的目标以及教材建设的需要，中国经济出版社特组织北京财贸职业学院、保定职业技术学院、河北建材职业技术学院、河北软件职业技术学院、哈尔滨职业技术学院、辽宁经济职业技术学院、天津渤海职业技术学院、山东东营职业学院、安徽财贸职业技术学院、江苏经贸职业技术学院、苏州经贸职业技术学院、陕西财经职业技术学院、西安职业技术学院、延安职业技术学院、宁夏财经职业技术学院、四川财经职业学院、重庆财经职业学院、海南经贸职业技术学院、海口经济学院、海南职业技术学院、广西交通职业技术学院、云南保山学院等三十几所国内院校共同编写了“21世纪高职高专精品课程系列”教材。

本套教材立足于高职高专公共课、财会类、贸易类及相关专业，涵盖了专业课及专业基础课的基本教学内容，具有以下特点：

1. 以能力培养为目标。专业性与实用性统一，系统性与全面性兼具，能力点和知识点相结合，注重培养应用型、技能型人才。

2. 任务驱动教学，“教”“学”“做”一体化。打破传统的教学模式，学练结合，注重职业能力培养。

3. 形式新颖，可读性强。从实际需要出发，删繁就简，案例、知识链接、实训等板块有机集合，增强可读性，提高学习乐趣。

4. 提供教学配套PPT课件及习题参考答案，选用教材的老师可登陆中国经济出版社网站或来电来函（E－MAIL：jiaoxiaoyun@126.com，010－68319290）索取。

本套教材包括《高等数学》、《管理学基础》、《组织行为学》、《人力资源管理》、《会计学基础》、《会计学基础实训》、《财务会计》、《高级财务会计》、《成本会计》、《成本会计实训》、《会计电算化》、《会计电算化实验教程》、《审计学》、《财务管理》、《财政与金融》、《经济法实用教程》、《税收基础与实务》、《企业会计实训教程》、《模拟工商登记实训》、《市场营销基础与实务》、《国际贸易理论与实务》、《国际贸易实务操作教程》、《国际贸易制单实务》、《国际货运代理实务》、《集装箱运输实务》、《仓储管理实务》、《报关实务》、《采购管理与库存控制》，共28种。随着我们教材开发工作的展开，中国经济出版社还将陆续推出更多更优秀的高职高专规划教材。

本套教材能够顺利编撰完成与各位参编老师的辛勤劳动、通力合作是分不开的，在此对各位参编老师表示衷心的感谢！同时，我们也非常感谢各参编院校相关领导的大力支持！感谢在教材编写过程中，对我们的工作提供支持和帮助的各位老师。我们欢迎各院校师生在使用本套教材的同时多提宝贵意见，以利于教材的日臻完善。

中国经济出版社

2010年元月

前言
PREFACE

为满足高职高专院校财经类专业《会计学基础》课程的教学需要，我们根据《会计学基础》教材的教学内容，本着理论与实际相结合，着重培养学生的动手操作能力与基本技能的目的，编写了《会计学基础实训》一书。

本教材是《会计学基础》一书的配套性教材，以《会计学基础》教材的章节为编写大纲，主要内容包括学习目的、学习要点、与《会计学基础》相配套的各章实训练习、参考答案。另外还附有一套制造企业主要经营过程的核算及财务报告编制的综合实训和五套会计从业资格考试模拟试卷。本书旨在帮助学生理解《会计学基础》主教材的内容，引导和启发学生正确掌握会计核算方法和基本操作技能。

本教材的参编人员多数是教学和科研第一线的"双师型"骨干教师，具有丰富的教学和实践经验。编写严格遵循《会计法》、《会计基础工作规范》和《企业会计准则》等法律法规的要求。教材具有内容新颖、指导性强、适用面广等特点，适合各类高职高专院校财经类专业学生使用，也可供企业会计从业人员培训使用。

本书由李艳、王鸿艳担任主编，杨艳秋、来燕担任副主编。全书由李艳提出编写大纲，并负责全书初稿的修改、最终的统稿、定稿工作。具体分工如下：云南保山学院李艳负责第一章和第二章的编写；辽宁经济管理干部学院王鸿艳负责第八章、第十章、第十一章和会计从业资格考试模拟试卷的编写；云南保山学院杨艳秋负责第七章和第九章的编写；邯郸职业技术学院来燕负责第三章和第四章的编写；云南德宏师专于楣负责第五章和第六章的编写；辽宁经济管理干部学院刘晓波负责综合实训内容的编写；云南保山学院杨艳秋和朱进彬协助李艳完成全书初稿的修改、最终的统稿、定稿工作。在本书的编写过程中，我们参考了大量的书籍，从中得到不少启发和帮助。中国经济出版社领导伏建全、编辑孙晓霞等为本书的出版付出了一定的心血，在此一并向他们表示诚挚的感谢。

编　者

2009 年 9 月

目录 Contents

第一篇

会计入门知识

第一章

总论

【学习目的】

通过本章的学习，要求学生了解会计的产生与发展、会计的任务，理解会计的职能与目标、会计的基本前提，熟悉会计信息质量要求、会计核算方法的组成内容和相互联系，掌握会计的概念、特点、对象及会计核算基础。

【学习要点】

1. 会计是以货币为主要计量单位，运用专门的技术方法，对特定会计主体的经济活动进行全面、综合、连续、系统的核算和监督，以提高经济效益为目的，向有关方面提供会计信息的一种经济管理活动，是经济管理的重要组成部分。会计是在生产实践活动中产生的，并伴随着生产的发展和经济管理的要求而不断发展、完善。

2. 会计的基本职能是核算和监督。

3. 会计的对象是指会计核算和监督的内容。即社会再生产过程中可以用货币表现的经济活动。

4. 会计核算的基本前提（或称会计假设）是指为了保证会计工作的正常进行和会计信息的质量，对会计核算的范围、内容、基本程序和方法所做的限定。包括会计主体、持续经营、会计分期、货币计量。

5.《企业会计准则——基本准则》规定，企业会计的确认、计量和报告应当以权责发生制为基础。

6. 财务会计信息质量要求包括客观性、相关性、明晰性、可比性、实质重于形式、重要性、谨慎性、及时性八个方面。

7. 会计核算方法是对会计对象进行连续、系统、完整的核算和监督所应用的方法，包括设置会计科目和账户、复式记账、填制和审核凭证、登记账簿、成本计算、财产清查和编制财务会计报告等。

重点：会计的概念、特点和对象，会计信息质量要求

难点：会计的基本职能和基本前提、会计核算基础

实训练习

一、单项选择题

1. “四柱清册”创建于（　　）。

A. 西周　　B. 明朝　　C. 宋朝　　D. 清朝

2. 会计以（　　）为主要计量单位。

A. 实物　B. 货币　C. 劳动量　D. 价格

3. 会计的基本职能一般包括(　　)。

A. 计划与决策　B. 预测与分析　C. 控制与决策　D. 核算与监督

4. 会计对经济活动的管理属于(　　)。

A. 劳动管理　B. 价值管理　C. 实物管理　D. 生产管理

5. 会计以货币为主要计量单位,通过确认、记录、报告等环节,对特定主体的经济活动进行记账、算账、报账,为各有关方面提供会计信息的功能称为(　　)。

A. 核算职能　B. 监督职能　C. 控制职能　D. 预测职能

6. 会计在进行会计核算的同时,对特定主体经济活动的合法性、合理性进行审查的职能称为(　　)。

A. 核算职能　B. 监督职能　C. 控制职能　D. 分析职能

7. 会计主体与法律主体是(　　)。

A. 有区别的　B. 相一致的　C. 不相关的　D. 可替代的

8. (　　)界定了从事会计工作和提供会计信息的空间范围。

A. 会计职能　B. 会计对象　C. 会计内容　D. 会计主体

9. 在可预见的未来一段时期内,会计主体不会破产清算,所持有的资产将正常营运,所负有的债务将被正常偿还。这属于(　　)。

A. 会计主体假设　B. 持续经营假设　C. 会计分期假设　D. 货币计量假设

10. 在我国,会计期间分为年度、半年度、季度和月度,它们均按(　　)确定。

A. 公历起讫日期　B. 农历起讫日期　C. 7 月制起讫日期　D. 4 月制起讫日期

11. 会计核算和监督的内容是特定主体的(　　)。

A. 经济活动　B. 实物运动　C. 资金运动　D. 经济资源

12. (　　)作为会计核算的基本前提,就是将一个会计主体持续经营的生产经营活动划分为若干个相等的会计期间。

A. 会计分期　B. 会计主体　C. 会计年度　D. 持续经营

13. 企业资产以历史成本计价所依据的会计核算前提是(　　)。

A. 会计主体　B. 持续经营　C. 会计年度　D. 货币计量

14. 企业不得任意改变会计处理方法是(　　)信息质量要求。

A. 重要性　B. 相关性　C. 可比性　D. 客观性

15. 按会计信息质量的要求,企业对交易或事项进行会计确认、计量和报告时,正确的做法是(　　)。

A. 不应高估资产或负债　B. 不应高估资产和费用

C. 不应高估资产和收益　D. 不应低估资产或负债

二、多项选择题

1. 影响会计环境的主要因素是(　　)。

A. 政治因素　B. 法律因素

C. 经济因素　D. 社会文化与教育因素

2. 下列项目中,可以作为一个会计主体进行核算的有(　　)。

A. 母公司　B. 分公司

C. 学校　D. 母公司和子公司组成的企业集团

3. 下列说法正确的是(　　)。

A. 会计核算过程中,采用货币为统一的计量单位

B. 我国企业的会计核算只能以人民币为记账本位币

C. 业务收支以外币为主的单位可以选择某种外币为记账本位币

D. 在境外设立的中国企业向国内报送的财务会计报告,应当以人民币为记账本位币

4. 会计核算职能是指会计以货币为主要计量单位,通过(　　)等环节,对特定主体的经济活动进行记账、算账、报账。

A. 确认　　B. 记录　　C. 计量　　D. 报告

5. 会计假设包括(　　)。

A. 会计主体　　B. 货币计量　　C. 会计分期　　D. 持续经营

6. 下列属于会计期间中期的是(　　)。

A. 月度　　B. 季度　　C. 年度　　D. 半年度

7. 会计监督职能是会计人员在进行会计核算的同时,对经济活动的(　　)进行审查。

A. 合法性　　B. 合理性　　C. 时效性　　D. 赢利性

8. 企业财务会计报告使用者包括(　　)。

A. 投资者　　B. 社会公众　　C. 债权人　　D. 政府及相关部门

9. 会计监督是一个过程,它分为(　　)。

A. 事前监督　　B. 事后监督　　C. 事中监督　　D. 社会监督

10. 为正确确定收入和费用的归属期间,在会计上形成的核算基础是(　　)。

A. 权责发生制　　B. 收付实现制　　C. 永续盘存制　　D. 实地盘存制

三、判断题

1. 企业应当以权责发生制为基础进行会计确认、计量和报告。(　　)
2. 凡是会计主体都应进行独立核算。(　　)
3. 会计主体与法律主体是同一概念。(　　)
4. 会计核算和监督的内容就是指企业发生的所有经济活动。(　　)
5. 会计监督应适应会计核算的需要。(　　)
6. 会计的职能只有两个,即会计核算与会计监督。(　　)
7. 我国企业会计采用的计量单位只有一种,即货币计量。(　　)
8. 在我国境内设立的企业,其会计核算都必须以人民币作为记账本位币。(　　)
9. 会计核算方法是相互独立的,按部门分工由不同的会计人员来进行。(　　)
10. 一个企业可以视具体情况确定一个或若干个会计主体。(　　)

参考答案

一、单项选择题

1. C　2. B　3. D　4. B　5. A　6. B　7. A　8. D　9. B　10. A　11. C　12. A　13. B　14. C　15. C

二、多项选择题

1. ABCD　2. ACD　3. CD　4. ABCD　5. ABCD　6. ABD　7. AB　8. ABCD　9. ABC　10. AB

三、判断题

1. √　2. √　3. ×　4. ×　5. ×　6. ×　7. ×　8. ×　9. ×　10. ×

第二章

会计要素与会计等式

【学习目的】

通过本章的学习,要求学生理解会计核算的具体内容,即六大会计要素的概念及具体内容,熟悉会计要素的特征和分类,掌握会计等式及平衡关系。

【学习要点】

1. 会计要素是会计核算对象的具体化,包括资产、负债、所有者权益、收入、费用和利润六项。其中,资产、负债、所有者权益主要反映企业的财务状况,构成资产负债表;收入、费用和利润主要反映企业的经营成果,构成利润表。

2. 会计基本等式:资产 = 负债 + 所有者权益,揭示了各项会计要素之间的关系,是复式记账、登记账簿、编制财务会计报告的理论基础。

3. 经济业务的发生会引起会计等式中有关项目的金额发生增减变动,但不会破坏会计等式的平衡。

重点:会计要素、会计等式

难点:会计等式所表示的平衡关系

实训练习

一、单项选择题

1. 企业在日常活动中形成的、会导致所有者权益增加的、与所有者投入资本无关的经济利益的总流入称为(　　)。

A. 收入　　B. 资产　　C. 利得　　D. 利润

2. 企业非日常活动中发生的、会导致所有者权益减少的、与向所有者分配利润无关的经济利益的流出称为(　　)。

A. 损失　　B. 负债　　C. 费用　　D. 成本

3. 企业的原材料属于会计要素中的(　　)。

A. 负债　　B. 资产　　C. 成本　　D. 所有者权益

4. 一个企业的资产总额与权益总额(　　)。

A. 不会相等　　B. 有时相等　　C. 期末时相等　　D. 必然相等

5. 一项资产增加,一项负债增加的经济业务发生后,会使资产与权益原来的总额(　　)。

A. 发生同减　　B. 不会变动　　C. 发生同增　　D. 一增一减

6. 下列引起资产和负债同时减少的经济业务是(　　)。

A. 将库存现金存入银行　　B. 赊购商品一批
C. 用银行存款归还银行贷款　　D. 收到应收款项

7. 流动资产是指变现或耗用期限在(　　)的资产。
A. 一年以内　　B. 一年或超过一年的一个营业周期以内
C. 一个营业周期以内　　D. 超过一年的一个营业周期

8. 所有者权益在数量上等于(　　)。
A. 所有者的投资　　B. 全部资产减去全部负债后的净额
C. 实收资本和资本公积之和　　D. 实收资本和盈余公积之和

9. 某企业月初权益总额为 90 万元,本月发生一笔取得银行借款 10 万元存入企业存款户的经济业务,则月末企业资产总额为(　　)万元。
A. 100　　B. 80　　C. 90　　D. 110

10. 若经济业务只涉及资产要素变动时,必然引起该要素中某些项目发生(　　)。
A. 同增变动　　B. 同减变动　　C. 一增一减变动　　D. 不变动

11. 最基本的会计等式是(　　)。
A. 收入 - 费用 = 利润
B. 期初余额 + 本期增加额 - 本期减少额 = 期末余额
C. 资产 = 负债 + 所有者权益
D. 资产 = 负债 + 所有者权益 + (收入 - 费用)

12. 下列项目中,不属于收入要素内容的是(　　)。
A. 商品销售收入　　B. 提供劳务收入　　C. 房屋出租收入　　D. 营业外收入

13. 下列项目中,不属于费用要素内容的是(　　)。
A. 销售费用　　B. 制造费用　　C. 管理费用　　D. 财务费用

14. 下列项目中,属于所有者权益的是(　　)。
A. 实收资本　　B. 银行存款　　C. 短期借款　　D. 应收账款

15. 若经济业务只涉及负债要素变动时,会计等式两边的金额(　　)。
A. 同减　　B. 同增　　C. 不变　　D. 一方增加,一方减少

二、多项选择题

1. (　　)属于流动资产的内容。
A. 存放在银行的存款　　B. 仓库存放的产成品
C. 办公楼　　D. 车间的机器设备

2. 下列属于资产要素特点的是(　　)。
A. 必须是有形资产　　B. 预期能给企业带来经济利益
C. 由企业拥有或控制的　　D. 过去的交易或事项形成的

3. (　　)是正确的会计等式。
A. 资产 = 权益　　B. 资产 = 负债 + 所有者权益
C. 收入 - 费用 = 利润　　D. 资产 = 所有者权益 + 负债 + (收入 - 费用)

4. 下列能引起会计等式两边会计要素变动的经济业务是(　　)。
A. 以银行存款归还银行借款　　B. 收到前欠货款存入银行
C. 收到投资者的投资款存入银行　　D. 购入原材料以银行存款支付

5. 下列属于流动资产的是(　　)。
A. 商标权　　B. 库存商品　　C. 应收账款　　D. 周转材料

6. 下列能引起资产和负债同时增加的是(　　)。

A. 企业赊购材料
B. 从银行取得借款存入企业存款户
C. 收到投资者的投资款存入银行
D. 以银行存款偿还前欠货款

7. 下列属于负债要素的是(　　)。
A. 长期借款　B. 应交税费　C. 预收账款　D. 预付账款

8. 收入会导致(　　)。
A. 库存现金的增加
B. 银行存款的增加
C. 企业其他资产的增加
D. 企业负债的减少

9. 引起资产一增一减的经济业务是(　　)。
A. 以银行存款购进机器设备
B. 从银行提取现金
C. 以银行存款购进原材料
D. 以银行存款支付前欠货款

10. 下列项目中属于所有者权益来源的是(　　)。
A. 所有者的投资
B. 收入
C. 未分配利润
D. 不计入当期损益的利得或损失

11. 下列项目中影响利润金额计算的是(　　)。
A. 资产
B. 收入
C. 费用
D. 直接计入当期损益的利得和损失

12. 下列项目中属于负债要素特点的是(　　)。
A. 过去的交易或事项所形成的现时义务
B. 现在的交易或事项所引起的偿债义务
C. 将来的交易或事项所引起的偿债义务
D. 将会导致经济利益流出企业

13. 下列项目中属于费用要素特点的是(　　)。
A. 企业日常活动中发生的经济利益的总流出
B. 会导致所有者权益减少
C. 会导致所有者权益增加
D. 与向所有者分配利润无关

14. 企业以银行存款归还贷款,会引起(　　)要素的增减变动。
A. 资产　B. 所有者权益　C. 负债　D. 收入

15. 反映企业财务状况的会计要素是(　　)。
A. 资产　B. 所有者权益　C. 负债　D. 利润

三、判断题

1. 所有经济业务的发生都会引起会计等式两边发生变化。(　　)
2. 企业拥有所有权的财产物资均属于企业的资产。(　　)
3. 资产与所有者权益在数量上始终是相等的。(　　)
4. 资产包括流动资产和固定资产。(　　)
5. “收入 - 费用 = 利润”这一会计等式是编制利润表的基础。(　　)
6. 所有者权益是企业投资人对企业全部资产的所有权。(　　)
7. 无论发生任何经济业务,会计恒等式两边的数额始终保持不变。(　　)
8. 企业取得收入就意味着会形成利润。(　　)
9. “资产 = 负债 + 所有者权益”是暂时的,有些经济业务的发生会打破平衡关系。(　　)
10. 负债都是需要在一年或超过一年的一个营业周期内偿还的债务。(　　)

四、实训题

实训一

[目的]熟悉会计要素的构成内容。

[资料]某企业部分会计要素如下：

项　目	资　产	负　债	所有者权益	收　入	费　用	利　润
企业的银行存款						
从银行取得的借款						
仓库存放的原材料、产成品						
投资人投入企业的资金						
企业购入的商标权						
出差人员差旅费						
企业销售商品获得的收入						
企业购买股票获得的收益						
购入材料未付的款项						

[要求]根据上述资料对会计要素进行分类。

实训二

[目的]练习对会计要素进行分类，并掌握它们之间的关系。

[资料]某企业2008年12月31日的资产、负债、所有者权益如下表：

内　容	金额(元)	资　产	负　债	所有者权益
厂房一栋	100 000			
企业存入银行的存款	12 000			
出纳保管的现金	2 000			
暂欠购进材料的货款	16 000			
投资者的投资款	210 000			
两年后到期的银行借款	50 000			
库存的原材料	25 000			
未到期的应付票据	32 620			
尚未收回的货款	13 000			
预收购货方的货款	9 000			
产品生产专利	15 000			
完工验收入库的产品	40 860			
销售商品未收的款项	36 000			
应交未交的税费	5 000			
经营中形成的盈余公积金	25 000			
三个月后需要偿还的借款	20 000			
未完工的在产品	5 000			
交易性金融资产	11 000			
机器设备	120 000			
应付银行借款利息	1 800			
资本溢价	10 440			
总　额				

[要求]指出项目中资产、负债、所有者权益分别是哪些？并通过金额的计算验证会计等式。

实训三

[目的]熟悉经济业务发生对会计等式的影响。

[资料]某企业2009年7月初资产总额为200万元，负债为50万元，所有者权益为150万元。2009年7月发生下列经济业务：

1. 从银行提取现金30 000元备用。
2. 从银行取得为期五个月的借款，用于偿还前欠货款50 000元。
3. 用资本公积转增资本120 000元。
4. 向银行借入为期三个月的借款20 000元，存入银行存款户。
5. 以银行存款代A企业偿还欠款350 000元，作为其投资的减少。
6. B企业代为偿还银行50 000元的短期借款，作为对本企业的投资。
7. 以银行存款偿还银行短期借款300 000元。
8. 收到D企业投入的机器一台，价值50 000元，当即投入使用。
9. E企业收回投资400 000元，以银行存款支付。

[要求]计算经济业务变动对资产、负债、所有者权益变动的影响，并分析变动类型。

资产、负债及所有者权益增减变动表

内容	资产		负债及所有者权益	
	项目	金额	项目	金额
年初		2 000 000		2 000 000
业务1				
业务2				
业务3				
业务4				
业务5				
业务6				
业务7				
业务8				
业务9				
年末				

参考答案

一、单项选择题

1. A 2. A 3. B 4. D 5. C 6. C 7. B 8. B 9. A 10. C 11. C 12. D 13. B 14. A 15. C

二、多项选择题

1. AB 2. BCD 3. ABC 4. AC 5. BCD 6. AB 7. ABC 8. ABCD 9. ABC 10. ABCD 11. BCD 12. AD 13. ABD 14. AC 15. ABC

三、判断题

1. × 2. × 3. × 4. × 5. √ 6. × 7. × 8. × 9. × 10. ×

四、实训题

实训一

项目	资产	负债	所有者权益	收入	费用	利润
企业的银行存款	√					
从银行取得的借款		√				
仓库存放的原材料、产成品	√					
投资人投入企业的资金			√			
企业购入的商标权	√					
出差人员差旅费					√	
企业销售商品获得的收入				√		
企业购买股票获得的收益						√
购入材料未付的款项		√				

实训二

资产总额(379 860) = 负债(134 420) + 所有者权益(245 440)

实训三

资产、负债及所有者权益增减变动表

内容	资产		负债及所有者权益	
	项目	金额	项目	金额
年初		2 000 000		2 000 000
业务1	库存现金 +	30 000		
	银行存款 −	30 000		
业务2			应付账款 −	50 000
			短期借款 +	50 000
业务3			实收资本 +	120 000
			资本公积 −	120 000
业务4	银行存款 +	20 000	短期借款 +	20 000
业务5	银行存款 −	350 000	实收资本 −	350 000
业务6			短期借款 −	50 000
			实收资本 +	50 000
业务7	银行存款 −	300 000	短期借款 −	300 000
业务8	固定资产 +	50 000	实收资本 +	50 000
业务9	银行存款 −	400 000	实收资本 −	400 000
年末		1 020 000		1 020 000

第三章

会计科目与账户

【学习目的】

通过本章的学习,要求学生了解设置账户的意义,理解会计科目与账户的概念、区别与联系,熟悉会计科目与账户的分类,掌握账户的结构及登记方法,为学习会计核算方法奠定基础。

【学习要点】

1. 会计科目是根据会计恒等式的要求及会计要素的具体内容设置的,是对会计对象的具体内容进行分类核算的项目,即是对会计要素的具体内容所做的进一步分类。

2. 会计科目按反映的经济内容可分为资产类、负债类、共同类、所有者权益类、成本类和损益类;科目按提供核算指标的详细程度及其统驭关系,可分为总分类科目和明细分类科目。

3. 账户是根据会计科目开设的,具有一定结构和格式,用于分类反映会计要素增减变动情况及其结果的载体。设置账户是会计核算的重要方法之一。

账户按其所反映的经济内容不同分为资产类、负债类、所有者权益类、成本类和损益类账户等;按其所提供核算指标的详细程度及其统驭关系不同分为总分类账户和明细分类账户。

4. 账户与会计科目是两个既有联系又有区别的概念

两者的联系是:会计科目与账户都是对会计对象具体内容的科学分类,两者反映的经济内容口径一致,性质相同。会计科目是设置账户的依据,会计科目的名称就是账户的名称,账户是会计科目的具体运用。

两者的区别是:会计科目没有具体结构,只是会计要素具体分类的名称,表明某类经济业务的内容;而账户不仅有名称,还有一定的结构,既能反映经济业务的具体类别,又能反映经济业务的增减变化过程及结果,而且不同性质的账户具有不同的结构。

5. 反映会计要素的增加额、减少额和结余额这三个部分构成账户的基本结构。在借贷记账法下,账户的左边称为“借方”,右边称为“贷方”,一方登记增加,一方登记减少。

重点:会计科目与账户的内涵及关系、账户的结构

难点:会计科目与账户的分类及登记方法

实训练习

一、单项选择题

1. 会计科目是对(　　)的具体内容进行分类核算的项目。
A. 会计对象　B. 会计要素　C. 资金运动　D. 会计账户
2. 设置账户是(　　)的重要方法之一。
A. 会计监督　B. 会计决策　C. 会计分析　D. 会计核算
3. 若某一账户正常的余额在借方,则该账户属于(　　)。
A. 所有者权益类　B. 资产类　C. 负债类　D. 损益类
4. 账户是根据(　　)设置的,具有一定的格式和结构,用于分类反映会计要素增减变动情况及其结果的载体。
A. 会计对象　B. 会计要素　C. 会计科目　D. 会计账簿
5. 账户分为左、右两方,当某一账户左方登记增加时,则该账户的右方(　　)。
A. 登记增加数　B. 登记减少数
C. 登记增加数或减少数　D. 不登记任何数
6. 会计账户的四个金额要素是(　　)。
A. 期末余额、本期发生额、期初余额、本期余额
B. 期初余额、本期增加发生额、本期减少发生额、期末余额
C. 期初余额、期末余额、本期借方增加额、本期借方减少额
D. 期初余额、本期增加发生额、本期减少发生额、本期发生额
7. 账户的"期末余额"一般在(　　)。
A. 账户的左方　B. 账户的右方　C. 增加方　D. 减少方
8. 投资者投入企业的资本属于(　　)要素。
A. 利润　B. 负债　C. 资产　D. 所有者权益
9. 下列对会计账户的四个金额要素之间基本关系表述正确的是(　　)。
A. 期末余额 = 期末余额 + 本期增加发生额 - 本期减少发生额
B. 期末余额 = 期初余额 + 本期增加发生额 - 本期减少发生额
C. 期初余额 = 本期增加发生额 - 本期减少发生额 - 期末余额
D. 期末余额 = 本期增加额 - 本期减少发生额 - 期初余额
10. 会计科目与账户的根本区别是(　　)。
A. 有无结构　B. 有无方向　C. 名称不同　D. 反映的内容不同
11. 假设某账户本期增加发生额为1 300 元,减少发生额为1 500 元,期末余额为1 200 元,则该企业本期期初余额为(　　)元。
A. 1 400　B. 1 600　C. 1 000　D. 1 500
12. 总分类账户与明细分类账户的相互关系是(　　)。
A. 对立　B. 统驭和从属　C. 相反　D. 无关
13. 月末一般无余额的账户是(　　)。
A. 资产类　B. 负债类　C. 损益类　D. 所有者权益类
14. 预付账款科目属于(　　)。
A. 资产类　B. 负债类　C. 费用类　D. 利润类
15. 某负债类账户期初余额为9 000 元,本期借方发生额为10 000 元,期末余额为7 000 元,则贷方发生额为(　　)元。

A. 7 000　　B. 9 000　　C. 12 000　　D. 8 000

二、多项选择题

1. 账户一般应包括(　　)。
A. 会计分录　　B. 账户名称　　C. 日期和摘要　　D. 增减发生额和余额
2. 账户分为左、右两方,至于哪一方登记增加,哪一方登记减少,取决于(　　)。
A. 记账方法　　B. 账户的性质　　C. 经济业务内容　　D. 经济管理的需要
3. 下列会计科目中属于负债类的是(　　)。
A. 应付账款　　B. 应交税费　　C. 应付职工薪酬　　D. 预付账款
4. 下列会计科目中属于资产类的是(　　)。
A. 原材料　　B. 应收账款　　C. 预收账款　　D. 其他应收款
5. 下列会计科目中属于所有者权益类的是(　　)。
A. 本年利润　　B. 利润分配　　C. 实收资本　　D. 固定资产
6. 下列会计科目中属于成本类的是(　　)。
A. 生产成本　　B. 管理费用　　C. 制造费用　　D. 营业外支出
7. 下列观点中,正确的是(　　)。
A. "应收账款"属于资产类　　B. "预收账款"属于负债类
C. "固定资产"属于资产类　　D. "制造费用"属于损益类
8. 账户中各项金额的关系可用(　　)表示。
A. 本期期末余额 = 期初余额 + 本期增加发生额 - 本期减少发生额
B. 本期期末余额 = 下期期初余额
C. 本期期末余额 = 期初余额 + 本期减少发生额 - 本期增加发生额
D. 本期期末余额 + 本期减少发生额 = 期初余额 + 本期增加发生额
9. 下列说法正确的是(　　)。
A. 账户的期末余额等于期初余额　　B. 账户的借方发生额等于贷方发生额
C. 账户是会计科目的具体运用　　D. 余额一般与增加额在同一方向
10. 下列属于会计科目设置应遵循的原则是(　　)。
A. 合法性原则　　B. 相关性原则　　C. 全面性原则　　D. 实用性原则

三、判断题

1. 负债和所有者权益都是表示对资产的一种关系,两者只是形式不同,性质是一样的。(　　)
2. 账户的设置和分类与会计科目的设置和分类相一致。(　　)
3. 总分类账户提供的核算指标比明细分类账户提供的核算指标更详细。(　　)
4. 会计账户与会计科目是同义词,两者之间没有区别。(　　)
5. 会计科目是会计账户的名称,也是设置会计账户的依据。(　　)
6. 预付账款和预收账款均属于企业的资产。(　　)
7. 在所有账户中,左方都登记增加,右方都登记减少。(　　)
8. "T"字形账户广泛应用于实际工作中。(　　)
9. 所有总分类账户都要开设明细分类账户。(　　)
10. 总分类账户期末余额应与所属明细分类账户期末余额之和相等。(　　)

四、实训题

实训一

[目的]分析会计科目并按经济内容分类。

[资料]某企业会计要素具体内容如下:

1. 存放于出纳处的现金 3 500 元。
2. 存放在银行的资金 181 500 元。
3. 向银行借入 3 个月期限的借款 600 000 元。
4. 仓库中存放的材料 380 000 元。
5. 仓库中存放的已完工产品 60 000 元。
6. 正在加工的在产品 75 000 元。
7. 向银行借入为期二年的借款 1 450 000 元。
8. 房屋及建筑物 2 400 000 元。
9. 所有者投入的资本 2 000 000 元。
10. 机器设备 750 000 元。
11. 应付外单位的货款 140 000 元。
12. 应收外单位的材料款 120 000 元。
13. 以前年度积累的未分配利润 280 000 元。
14. 对外进行长期股权投资 500 000 元。

[要求]分析以上内容,填列下表:

序　号	会计科目	资　产	负　债	所有者权益
1				
2				
3				
4				
5				
6				
7				
8				
9				
10				
11				
12				
13				
14				
总　计				

实训二

[目的]分析会计科目并按隶属关系分类。

[资料]某企业现有部分一级科目、二级科目和三级科目如下:

1. 原材料　2. 短期借款　3. B 产品生产成本　4. 应收 C 公司货款　5. 主要材料
6. 辅助材料　7. 应付丁工厂货款　8. 应付账款　9. 临时借款　10. 固定资产
11. 甲材料　12. 乙材料　13. 生产成本　14. 基本生产成本　15. 润滑油　16. 运输工具
17. 生产用房　18. A 产品生产成本　19. 机器设备　20. 应收账款　21. 辅助生产成本
22. 应收 D 单位货款　23. 应付 E 公司货款

[要求]按隶属关系分析哪些属于一级科目,哪些属于二级科目,哪些属于三级科目并列入下表:

一级总账科目	二级子目	三级细目

实训三

[目的]熟悉账户基本结构。

[资料]下列账户有关数据如下表：

账户名称	期初余额	本期借方发生额	本期贷方发生额	期末余额
银行存款	430 000	1 985 000	2 040 000	
固定资产	2 400 000		496 000	1 920 000
短期借款		16 000	260 000	300 000
应付账款	230 000		200 000	55 000
实收资本	6 000 000		300 000	6 300 000

[要求]根据各账户有关数据计算每个账户中的未知数并填入表中。

参考答案

一、单项选择题

1. B　2. D　3. B　4. C　5. B　6. B　7. C　8. D　9. B　10. A　11. A　12. B　13. C　14. A　15. D

二、多项选择题

1. BCD　2. BC　3. ABC　4. ABD　5. ABC　6. AC　7. ABC　8. ABD　9. CD　10. ABCD

三、判断题

1. ×　2. √　3. ×　4. ×　5. √　6. ×　7. ×　8. ×　9. ×　10. √

四、实训题

实训一

序号	会计科目	资产	负债	所有者权益
1	库存现金	3 500		
2	银行存款	181 500		
3	短期借款		600 000	
4	原材料	380 000		
5	库存商品	60 000		
6	生产成本	75 000		
7	长期借款		1 450 000	
8	固定资产	2 400 000		
9	实收资本			2 000 000
10	固定资产	750 000		
11	应付账款		140 000	
12	应收账款	120 000		
13	利润分配			280 000
14	长期股权投资	500 000		
总计		4 470 000	2 190 000	2 280 000

实训二

一级总账科目	二级子目	三级细目
生产成本	基本生产成本	A 产品生产成本
		B 产品生产成本
	辅助生产成本	
原材料	主要材料	甲材料
		乙材料
	辅助材料	润滑油
短期借款	临时借款	
应付账款	应付丁工厂货款	
	应付 E 公司货款	
应收账款	应收 C 公司货款	
	应收 D 单位货款	
固定资产	运输工具	
	生产用房	
	机器设备	

实训三

账户名称	期初余额	本期借方发生额	本期贷方发生额	期末余额
银行存款				375 000
固定资产		16 000		
短期借款	56 000			
应付账款		375 000		
实收资本		0		

第四章

复式记账法

【学习目的】

通过本章的学习，要求学生理解复式记账法的概念和特点，从记账符号、账户结构、记账规则、会计分录的编制、试算平衡等方面掌握借贷记账法的具体运用，熟悉平行登记的方法。

【学习要点】

1. 记账方法是指对客观发生的会计事项在有关账户中进行记录时所采用的方法。记账方法一般都是由记账符号、所记账户、记账规则、试算平衡等内容所构成。

2. 复式记账法是指对于每一笔经济业务所引起的会计要素及其项目的增减变动，都必须以相等的金额，在两个或两个以上相互联系的账户中进行记录的记账方法。

3. 借贷记账法是以“借”、“贷”作为记账符号，以“有借必有贷，借贷必相等”作为记账规则，反映会计对象具体内容增减变化及其结果的一种复式记账方法。

4. 会计分录是根据经济业务的内容，标明应借和应贷的账户名称、登记方向和金额的记录。

5. 试算平衡是指根据资产与权益的恒等关系以及借贷记账法的记账规则，检查所有账户记录是否正确的技术方法。包括发生额试算平衡和余额试算平衡。

6. 平行登记是指对发生的每项经济业务，都要以会计凭证为依据，一方面记入有关总分类账户，另一方面记入总分类账户所属明细分类账户。其要点包括同时、同向、等额和同依据。

重点：借贷记账法的具体运用

难点：会计分录的编制及试算平衡、平行登记

实训练习

一、单项选择题

1. 复式记账法是指对每项经济业务都必须以相等的金额，在(　　)相互关联的账户中同时进行登记的记账方法。

A. 一个　　B. 两个　　C. 两个以上　　D. 两个或两个以上

2. 借贷记账法的理论依据是(　　)。

A. 会计恒等式　　B. 记账规则　　C. 账户对应关系　　D. 平行登记

3. 企业以银行存款支付应付账款，表现为(　　)。

A. 一项资产增加，另一项资产的减少　　B. 一项资产减少，一项负债增加

C. 一项资产减少，一项负债减少　　D. 一项负债减少，另一项负债增加

4. 我国《企业会计准则》规定，企业应采用(　　)。
A. 增减记账法　B. 借贷记账法　C. 收付记账法　D. 单式记账法
5. 借贷记账法起源于12世纪的(　　)。
A. 德国　B. 意大利　C. 法国　D. 英国
6. 在借贷记账法下，将账户划分为借、贷两方，哪一方登记增加，哪一方登记减少的依据是(　　)。
A. 借记增，贷记减　B. 记账方法　C. 核算方法　D. 账户性质及结构
7. 对某项经济业务事项标明应借、应贷账户及金额的记录称为(　　)。
A. 对应关系　B. 会计分录　C. 对应账户　D. 试算平衡
8. 在借贷记账法下，账户的借方用以登记(　　)。
A. 资产的增加及权益的减少　B. 资产的增加及权益的增加
C. 资产的减少及权益的减少　D. 资产的减少及权益的增加
9. 在借贷记账法下，账户的贷方用以登记(　　)。
A. 收入的增加或费用(成本)的增加　B. 收入的增加或费用(成本)的减少
C. 收入的减少或费用(成本)的增加　D. 收入的减少或费用(成本)的减少
10. 采用借贷记账法时，损益类中的“损”类账户的结构特点是(　　)。
A. 借方登记增加、贷方登记减少，期末余额在借方
B. 借方登记减少、贷方登记增加，期末余额在贷方
C. 借方登记增加、贷方登记减少，期末一般无余额
D. 借方登记减少、贷方登记增加，期末一般无余额
11. 某企业“原材料”账户月初余额为380 000元，本月验收入库原材料共计240 000元，发出材料共计320 000元。则该企业“原材料”账户月末余额为(　　)元。
A. 借方460 000　B. 贷方460 000　C. 借方300 000　D. 贷方300 000
12. 复合会计分录是指(　　)。
A. 涉及四个账户的会计分录　B. 涉及两个或两个以上账户的会计分录
C. 涉及三个或三个以上账户的会计分录　D. 涉及四个或四个以上账户的会计分录
13. 简单会计分录是指(　　)。
A. 一借一贷的会计分录　B. 一借多贷的会计分录
C. 一贷多借的会计分录取　D. 多借多贷的会计分录
14. 在借贷记账法下，发生额试算平衡是由(　　)决定的。
A. 记账规则　B. 账户结构　C. 会计等式　D. 平行登记
15. 发生的经济业务需要在总分类账户和所属明细分类账户中进行登记时。应当(　　)。
A. 根据总账登记明细账　B. 根据明细账登记总账
C. 先记总账后记明细账　D. 根据相同的原始依据各自独立登记
16. 为保持科目对应关系清晰，编制分录时，一般应尽可能避免(　　)。
A. 一借一贷的会计分录　B. 一借多贷的会计分录
C. 多借多贷的会计分录　D. 一贷多借的会计分录
17. 运用复式记账法登记账户时，有关账户之间存在着(　　)。
A. 对应关系　B. 从属关系　C. 控制关系　D. 一致关系
18. 账户的期末余额一般登记在(　　)。
A. 借方　B. 增加额一方　C. 贷方　D. 减少额一方
19. 账户的对应关系是指(　　)。
A. 总分类账户与明细分类账户之间的关系

B. 资产类账户与负债类账户之间的关系
C. 有关账户之间的应借应贷关系
D. 成本类账户与损益类账户之间的关系

20. “生产成本”账户的期末借方余额表示(　　)。
A. 生产成本的增加数　　B. 生产费用总和
C. 未完工的在产品成本　　D. 完工产品的实际成本

21. 下列错误中,能够通过试算平衡查找的是(　　)。
A. 重记经济业务　　B. 漏记经济业务　　C. 借贷方向相反　　D. 借贷金额不等

22. 若某一类账户正常的余额在借方,则该账户属于(　　)。
A. 所有者权益类　　B. 资产类　　C. 收益类　　D. 负债类

23. 平行登记的要点可以概括为(　　)。
A. 期间相同、方向一致、金额相等　　B. 方向一致、依据相同
C. 依据相同、期间相同、方向相同、金额相等　　D. 金额相等、时间一致

24. 根据资产与权益的恒等关系以及借贷记账法的记账规则,检查所有账户记录是否正确的过程称为(　　)。
A. 复式记账　　B. 对账　　C. 查账　　D. 试算平衡

25. 总分类账户和明细分类账户的主要区别在于(　　)。
A. 记录经济业务的详细程度不同　　B. 记账的期间不同
C. 记账的依据不同　　D. 记账的方向不同

二、多项选择题

1. 复式记账法按照记账符号的不同,可分为(　　)。
A. 借贷记账法　　B. 单一记账法　　C. 收付记账法　　D. 增减记账法

2. 借贷记账法的基本内容包括(　　)。
A. 记账规则　　B. 账户结构　　C. 试算平衡　　D.“借”、“贷”记账符号

3. 下列关于复式记账特点,表述正确的是(　　)。
A. 对于每项经济业务,都在两个或两个以上相互关联的账户中进行记录
B. 以相等金额在有关账户中进行记录,因而可以据以进行试算平衡,以检查账户记录是否正确
C. 通过账户记录可以了解经济业务的来龙去脉
D. 相对于单式记账法而言,更具有操作简单的优势

4. 在借贷记账法下,账户借方登记的内容是(　　)。
A. 资产增加　　B. 所有者权益增加　　C. 负债减少　　D. 成本增加

5. 在借贷记账法下,账户贷方登记的内容是(　　)。
A. 资产增加　　B. 所有者权益增加　　C. 负债增加　　D. 成本增加

6. 下列对账户余额的表述,正确的是(　　)。
A. 资产类账户的期末余额 = 期初余额 + 本期借方发生额 - 本期贷方发生额
B. 资产类账户的期末余额 = 期初余额 + 本期贷方发生额 - 本期借方发生额
C. 权益类账户的期末余额 = 期初余额 + 本期借方发生额 - 本期贷方发生额
D. 权益类账户的期末余额 = 期初余额 + 本期贷方发生额 - 本期借方发生额

7. 构成会计分录的基本内容是(　　)。
A. 应记账户名称　　B. 应记账户方向　　C. 应记金额　　D. 记账时间

8. 以下会计分录中,属于复合会计分录的有(　　)。
A. 借:原材料　5 000　　B. 借:银行存款　1 000

贷:银行存款 5 000
贷:库存现金 1 000

C. 借:生产成本 5 000
制造费用 1 500
贷:原材料 6 500

D. 借:管理费用 7 200
制造费用 1 200
贷:累计折旧 8 400

9. 借贷记账法下的试算平衡方法有( )。
A. 发生额试算平衡法
B. 总额试算平衡法
C. 差额试算平衡法
D. 余额试算平衡法

10. 在发生( )的情况下,试算平衡表依然是平衡的。
A. 少记某账户发生额
B. 整笔经济业务漏记
C. 整笔经济业务重记
D. 某一账户的金额记错

11. 总分类账户与所属明细分类账户平行登记的基本要点是( )。
A. 登记的金额相等
B. 登记的次数相同
C. 登记的方向相同
D. 登记的会计期间相同

12. 总账与明细账的平行登记,其必然结果是( )。
A. 总账期初余额 = 所属明细账期初余额合计
B. 总账期末余额 = 所属明细账期末余额合计
C. 总账借方发生额 = 所属明细账借方发生额合计
D. 总账贷方发生额 = 所属明细账贷方发生额合计

13. 结构基本相同的两类账户有( )。
A. 资产类与收入类
B. 负债类与所有者权益类
C. 资产类与费用类
D. 所有者权益类与收入类

14. 试算平衡无法及时发现的错误有( )。
A. 用错账户名称
B. 重记某项经济业务
C. 漏记某项经济业务
D. 记账方向颠倒

15. 损益类账户一般具有( )几个特点。
A. 费用类账户的增加记借方
B. 期末一般无余额
C. 收入类账户的减少记借方
D. 期末一般有余额

16. 总分类账户与其所属明细分类账户的关系表现为( )。
A. 反映的经济业务内容相同
B. 前者对后者具有统驭控制作用
C. 两者记账的原始依据相同
D. 后者对前者具有补充说明作用

17. 下列账户中属于损益类账户的有( )。
A. 主营业务收入　B. 管理费用　C. 本年利润　D. 利润分配

18. 下列账户中,可能与“本年利润”账户发生对应关系的有( )。
A. 管理费用　B. 制造费用　C. 所得税费用　D. 利润分配

19. 在下列经济业务的基本类型中,( )是错误的。
A. 资产和负债同减
B. 一项资产增加,一项所有者权益减少
C. 一项负债增加,一项资产减少
D. 一项资产增加,另一项资产减少

20. 在编制试算平衡表时,下列表述正确的是( )。
A. 如果试算平衡,说明账户记录正确无误
B. 必须保证所有账户的发生额和余额均已记入试算平衡表
C. 如果试算不平衡,账户记录肯定有错误,应该认真查找,直到平衡为止
D. 即使试算平衡,也不能说明账户记录绝对正确

三、判断题

1. 我国《企业会计准则》规定企业应采用单式记账法。(　　)
2. 复式记账法是对于每一笔经济业务,都要在两个或两个以上的账户中进行登记的方法。(　　)
3. 当企业所有者权益增加时,必然表现为企业资产的增加。(　　)
4. 简单会计分录是一借一贷,复合会计分录是多借多贷。(　　)
5. 平行登记是为了完整反映资产、负债和所有者权益之间的关系。(　　)
6. 借贷记账法下,借方表示增加,贷方表示减少。(　　)
7. 借贷记账法下,“借”、“贷”只是记账符号,用以表明记账方向。(　　)
8. 资产与权益在数量上始终是相等的。(　　)
9. 账户的对应关系是指总账与明细账之间的关系。(　　)
10. 损益类账户期末结转后,一般无余额。(　　)
11. 一借多贷或一贷多借的会计分录不能反映账户的对应关系。(　　)
12. 借贷记账法的记账规则是:“有借必有贷,借贷必相等”。(　　)
13. 总分类账户与所属明细分类账户应当平行登记。(　　)
14. 一般来说,一个复合会计分录可以分解为若干个简单会计分录。(　　)
15. 成本费用类账户的结构与资产类账户的结构基本相同。(　　)
16. 如果试算平衡表是平衡的,则说明账户记录是正确的。(　　)
17. 若所有账户期初余额平衡,即使本期发生额试算不平衡,期末余额试算也可能平衡。(　　)
18. 实际工作中,对科目和账户常常不加以严格区分,而是相互通用。(　　)
19. 平行登记要求对每项经济业务必须在记入总分类账户的当天记入所属明细分类账户。(　　)
20. 总账只提供价值指标;明细账有的只提供价值指标,有的同时提供价值指标和实物指标。(　　)

四、实训题

实训一

[目的]练习借贷记账法的运用。

[资料]某企业2009年5月发生下列经济业务:

1. 经批准,将资本公积400 000元转增资本。
2. 从银行提取现金2 000元备用。
3. 用银行存款偿付前欠供应单位货款24 000元。
4. 收到其他单位的投资款180 000元存入银行。
5. 以银行存款购入汽车一辆,价值160 000元。
6. 以库存现金支付行政部门办公费用300元。
7. 以银行存款购入某公司股票80 000元,企业将其划分为交易性金融资产。
8. 以银行存款90 000元归还短期借款。
9. 收到购货单位前欠货款16 000元送存银行。
10. 采购员预借差旅费2 000元,以现金支付。

[要求]根据经济业务编制会计分录。

实训二

[目的]进一步练习借贷记账法的具体运用。

[资料]某企业2009年1月1日有关账户期初余额如下:

资　　产		负债及所有者权益	
账　　户	借方金额	账　　户	贷方金额
库存现金	3 000	短期借款	215 000
银行存款	260 000	应付账款	23 000
应收账款	80 000	应交税费	15 000
库存商品	40 000	应付职工薪酬	25 000
原材料	65 000	实收资本	770 000
固定资产	600 000		
合　　计	1 048 000	合　　计	1 048 000

本月发生以下经济业务：

1. 向银行借入为期 8 个月的借款 100 000 元,存入银行。
2. 收到购货方前欠货款 27 000 元存入银行。
3. 以银行存款支付生产工人工资 25 000 元。
4. 从银行提取现金 5 000 元。
5. 企业从银行取得短期借款 20 000 元,直接归还前欠材料款。
6. 外单位以一台价值 220 000 元的机器设备向本企业投资。
7. 生产车间领用材料 40 000 元投入产品生产。
8. 将生产工人工资 26 000 元计入产品生产成本。
9. 以银行存款支付应交税费 15 000 元。
10. 本月完工产品验收入库 1 000 件,成本 50 000 元。

[要求]根据经济业务编制会计分录、登记 T 字形账户、编制试算平衡表。

总分类账户本期发生额及期末余额试算平衡表

账户名称	期初余额		本期发生额		期末余额	
	借方	贷方	借方	贷方	借方	贷方
库存现金						
银行存款						
应收账款						
库存商品						
原材料						
生产成本						
固定资产						
短期借款						
应付账款						
应付职工薪酬						
应交税费						
实收资本						
合计						

实训三

[目的]练习总分类账和明细分类账的平行登记。

[资料]1. 某企业部分总分类账户及所属明细分类账户的期初余额如下：

(1)"原材料"账户借方余额31 000元。

其中:A材料:500公斤@20元,B材料:700公斤@30元。

(2)"应付账款"账户贷方余额20 000元

其中:甲公司:11 000元,乙公司:9 000元。

2. 该企业当月发生下列经济业务:(假设不考虑增值税)

(1)以银行存款支付所欠乙公司的材料款9 000元。

(2)向甲公司采购B材料250公斤,单价30元,价款7 500元,材料验收入库,款未付。

(3)向乙公司采购A材料400公斤,单价20元,价款8 000元,材料验收入库,款未付。

(4)生产产品领用A材料750公斤,单价20元,共计15 000元。

(5)向乙公司采购A材料200公斤,单价20元,价款4 000元,材料验收入库,款未付。

(6)领用B材料800公斤,单价30元,共计24 000元,其中,生产产品用20 000元,行政管理部门用4 000元。

(7)以银行存款11 000元支付所欠甲公司的材料款。

(8)以银行存款12 000元支付所欠乙公司的材料款。

[要求]根据经济业务编制会计分录,并以T字形账开设"原材料"、"应付账款"总账和明细账,登记期初余额,平行登记本期发生额,结出各账户的期末余额并进行总账与明细账的核对。

参考答案

一、单项选择题

1. D　2. A　3. C　4. B　5. B　6. D　7. B　8. A　9. B　10. C　11. C　12. C　13. A　14. A　15. D　16. C　17. A　18. B　19. C　20. C　21. D　22. B　23. C　24. D　25. A

二、多项选择题

1. ACD　2. ABCD　3. ABC　4. ACD　5. BC　6. AD　7. ABC　8. CD　9. AD　10. BC　11. ACD　12. ABCD　13. BCD　14. ABCD　15. ABC　16. ABCD　17. AB　18. ACD　19. BC　20. BCD

三、判断题

1. ×　2. ×　3. ×　4. ×　5. ×　6. ×　7. √　8. √　9. ×　10. √　11. ×　12. √　13. √　14. √　15. √　16. ×　17. ×　18. √　19. ×　20. √

四、实训题

实训一

1. 借:资本公积　400 000
　　贷:实收资本　400 000

2. 借:库存现金　2 000
　　贷:银行存款　2 000

3. 借:应付账款　24 000
　　贷:银行存款　24 000

4. 借:银行存款　180 000
　　贷:实收资本　180 000

5. 借:固定资产　160 000
　　贷:银行存款　160 000

6. 借:管理费用　300
　　贷:库存现金　300

7. 借:交易性金融资产　80 000
　　贷:银行存款　80 000

8. 借:短期借款　90 000
　　贷:银行存款　90 000

9. 借:银行存款　160 000
　　贷:应收账款　160 000

10. 借:其他应收款　2 000
　　贷:库存现金　2 000

实训二

1. 借:银行存款　100 000
　　贷:短期借款　100 000

2. 借:银行存款　27 000
　　贷:应收账款　27 000

3. 借:应付职工薪酬　25 000
　　贷:银行存款　25 000

4. 借:库存现金　5 000
　　贷:银行存款　5 000

5. 借:应付账款　20 000
　　贷:短期借款　20 000

6. 借:固定资产　220 000
　　贷:实收资本　220 000

7. 借:生产成本　40 000

8. 借:生产成本　26 000

贷:原材料 40 000

9. 借:应交税费 15 000

贷:银行存款 15 000

贷:应付职工薪酬 26 000

10. 借:库存商品 50 000

贷:生产成本 50 000

库存现金

借方	贷方
期初余额:3 000	
④5 000	
期末余额:8 000	

银行存款

借方	贷方
期初余额:260 000	
①100 000	③25 000
②27 000	④5 000
	⑨15 000
期末余额:342 000	

应收账款

借方	贷方
期初余额:80 000	
	②27 000
期末余额:53 000	

库存商品

借方	贷方
期初余额:40 000	
⑩50 000	
期末余额:90 000	

原材料

借方	贷方
期初余额:65 000	
	⑦40 000
期末余额:25 000	

生产成本

借方	贷方
⑦40 000	
⑧26 000	⑩50 000
期末余额:16 000	

固定资产

借方	贷方
期初余额:600 000	
⑥220 000	
期末余额:820 000	

短期借款

借方	贷方
	期初余额:215 000
	①100 000
	⑤20 000
	期末余额:335 000

应付账款

借方	贷方
	期初余额:23 000
⑤20 000	
	期末余额:3 000

应付职工薪酬

借方	贷方
	期初余额:25 000
③25 000	⑧26 000
	期末余额:26 000

应交税费

借方	贷方
	期初余额:15 000
⑨15 000	

平

实收资本

借方	贷方
	期初余额:770 000
	⑥220 000
	期末余额:990 000

总分类账户本期发生额及期末余额试算平衡表

账户名称	期初余额		本期发生额		期末余额	
	借方	贷方	借方	贷方	借方	贷方
库存现金	3 000		5 000		8 000	
银行存款	26 000		127 000	45 000	342 000	
应收账款	80 000			27 000	53 000	
库存商品	40 000		50 000		90 000	
原材料	65 000			40 000	25 000	
生产成本			66 000	50 000	16 000	
固定资产	600 000		220 000		820 000	
短期借款		215 000		120 000		335 000
应付账款		23 000	20 000			3 000
应付职工薪酬		25 000	25 000	26 000		26 000
应交税费		15 000	15 000			
实收资本		770 000		220 000		990 000
合计	1 048 000	1 048 000	528 000	528 000	1 354 000	1 354 000

实训三

1. 借:应付账款——乙公司　9 000
　　贷:银行存款　9 000
2. 借:原材料——B 材料　7 500
　　贷:应付账款——甲公司　7 500
3. 借:原材料——A 材料　8 000
　　贷:应付账款——乙公司　8 000
4. 借:生产成本　15 000
　　贷:原材料——A 材料　15 000
5. 借:原材料——A 材料　4 000
　　贷:应付账款——乙公司　4 000
6. 借:生产成本　20 000
　　管理费用　4 000
　　贷:原材料——B 材料　24 000
7. 借:应付账款——甲公司　11 000
　　贷:银行存款　11 000
8. 借:应付账款——乙公司　12 000
　　贷:银行存款　12 000

借方　原材料　贷方

借方	贷方
期初余额:31 000	
②7 500	④15 000
③8 000	⑥24 000
⑤4 000	
期末余额:11 500	

借方　应付账款　贷方

借方	贷方
	期初余额:20 000
①9 000	②7 500
⑦11 000	③8 000
⑧12 000	⑤4 000
	期末余额:7 500

原材料——A 材料

借方	贷方
期初余额:10 000	
③8 000	④15 000
⑤4 000	
期末余额:7 000	

原材料——B 材料

借方	贷方
期初余额:21 000	
②7 500	⑥24 000
期末余额:4 500	

应付账款——甲公司

借方	贷方
	期初余额:11 000
⑦11 000	②7 500
	期末余额:7 500

应付账款——乙公司

借方	贷方
	期初余额:9 000
①9 000	③8 000
⑧12 000	⑤4 000

平

第二篇

会计工作任务体系

第五章

会计凭证

【学习目的】

通过本章的学习，要求学生了解会计凭证的意义，理解会计凭证的概念，熟悉会计凭证的种类、填制方法、审核内容以及会计凭证的传递与保管，掌握原始凭证和记账凭证的内容和填制方法。

【学习要点】

1. 会计凭证是记录经济业务、明确经济责任的书面证明，是据以登记账簿的依据。按其填制的程序和作用，可以分为原始凭证和记账凭证两大类。

2. 原始凭证是在经济业务发生或完成时取得或填制的、据以载明经济业务发生或完成情况，明确经济责任，并具有法律效力的书面证明，是记账的依据。按其来源可分为外来原始凭证和自制原始凭证。

原始凭证必须按要求填制，并从真实性、合规性、完整性、正确性和及时性等方面进行审核。

3. 记账凭证是根据审核无误的原始凭证或原始凭证汇总表填制，用以确定会计分录并据以登记账簿的会计凭证。按其格式可分为专用凭证和通用凭证。

4. 会计凭证从其取得或填制到审核、登账、装订至归档保管这个过程中，在单位内部有关部门和人员之间的传递程序称为凭证的传递。

重点：会计凭证的分类、原始凭证和记账凭证的基本内容及填制

难点：原始凭证的填制与审核、记账凭证的填制。

实训练习

一、单项选择题

1. (　　)是记录经济业务、明确经济责任的书面证明，也是登记账簿的依据。

A. 记账凭证　　B. 原始凭证　　C. 付款凭证　　D. 会计凭证

2. (　　)是在经济业务发生或完成时取得或填制的，用以记录或证明经济业务的发生或完成情况的书面证明。

A. 记账凭证　　B. 原始凭证　　C. 付款凭证　　D. 收款凭证

3. 外来原始凭证一般都是(　　)。

A. 一次凭证　　B. 汇总凭证　　C. 累计凭证　　D. 付款凭证

4. 记账凭证是根据审核无误的(　　)填制的。

A. 会计科目　　B. 记账方法　　C. 会计要素　　D. 原始凭证

5. 仓库保管人员填制的收料单,属于企业( )。
A. 外来原始凭证 B. 自制原始凭证 C. 汇总原始凭证 D. 累计原始凭证
6. 原始凭证的基本内容中不包括( )。
A. 内容摘要 B. 日期 C. 会计科目 D. 实物数量
7. 将现金存入银行应填制( )。
A. 银行存款付款凭证 B. 库存现金付款凭证 C. 银行存款收款凭证 D. 库存现金收款凭证
8. 下列不能作为原始凭证的是( )。
A. 发货票 B. 收料单 C. 经济合同 D. 领料单
9. 下列凭证中,( )属于外来原始凭证。
A. 出库单 B. 入库单 C. 销货发票 D. 银行收账通知
10. 原始凭证审核时,一般不包括( )。
A. 凭证反映的内容是否真实 B. 凭证要素是否齐全
C. 会计科目使用是否正确 D. 有关人员是否签章
11. 会计凭证按( )划分,可分为原始凭证和记账凭证。
A. 填制方式 B. 来源 C. 填制程序和用途 D. 反映的内容
12. 会计凭证的传递,是指( )在单位内部有关部门及人员之间的传递程序与传递时间。
A. 会计凭证的填制到登记账簿止 B. 会计凭证的填制或取得到归档止
C. 会计凭证审核后到归档止 D. 会计凭证的填制到汇总登记账簿止
13. 收款凭证、付款凭证和转账凭证都属于( )。
A. 单式记账凭证 B. 通用记账凭证 C. 单科记账凭证 D. 复式记账凭证
14. 用转账支票支付前欠货款,应填制( )。
A. 收款凭证 B. 付款凭证 C. 转账凭证 D. 原始凭证
15. 差旅费报销单属于( )。
A. 记账凭证 B. 外来原始凭证 C. 自制原始凭证 D. 累计凭证

二、多项选择题

1. 付款凭证的贷方科目有( )。
A. 库存现金 B. 短期借款 C. 银行存款 D. 实收资本
2. "限额领料单"是( )。
A. 外来原始凭证 B. 自制原始凭证 C. 一次凭证 D. 累计凭证
3. 下列属原始凭证应具备的基本内容是( )。
A. 凭证名称和填制日期 B. 接受凭证单位的名称、有关人员的签章
C. 经济业务的内容 D. 会计科目
4. 记账凭证必须具备的基本内容有( )。
A. 凭证名称、日期和编号 B. 有关人员的签名和盖章
C. 经济业务的简要说明 D. 会计分录
5. 若一笔业务需填制两张记账凭证,凭证顺序号为10号,则两张记账凭证的编号为( )。
A. 10(1)号 B. 10(2)号 C. $10\frac{1}{2}$号 D. $10\frac{2}{2}$号
6. 下列经济业务中,应填制转账凭证的是( )。
A. 国家以厂房对企业投资 B. 外商以货币资金对企业投资
C. 购买材料未付款 D. 销售商品收到商业汇票一张
7. 下列经济业务中,应填制付款凭证的是( )。

A. 提现金备用　　B. 购买材料预付定金
C. 购买材料未付款　　D. 以银行存款支付前欠账款

8. 原始凭证的审核内容包括(　　)。
A. 真实性　　B. 合法性　　C. 完整性　　D. 及时性

9. 可作为记账凭证填制依据的是(　　)。
A. 自制原始凭证　　B. 外来原始凭证　　C. 汇总原始凭证　　D. 通用记账凭证

10. 企业购入材料一批验收入库，货款已付，根据这项业务所填制的会计凭证是(　　)。
A. 收款凭证　　B. 付款凭证　　C. 收料单　　D. 一次凭证

三、判断题

1. 企业与外单位发生的经济业务中，取得的各种书面证明不一定都是原始凭证。(　　)
2. 自制原始凭证是由企业财会部门自行填制的原始凭证。(　　)
3. 对于不真实、不合法的原始凭证，会计人员应要求有关经办人员及财务负责人签字后，再正式办理会计手续。(　　)
4. 企业每项经济业务的发生都必须从外部取得原始凭证。(　　)
5. 只要是真实的原始凭证就可以作为收付财物和记账的依据。(　　)
6. 记账凭证的日期不一定与原始凭证的日期一致。(　　)
7. 自制原始凭证都应由会计人员填写，以保证其正确性。(　　)
8. 转账凭证用于不涉及现金和银行存款收付业务的其他转账业务。(　　)
9. 从银行提取现金的业务，只填制付款凭证，不填制收款凭证。(　　)
10. 在编制记账凭证时，原始凭证就是记账凭证的附件。(　　)

四、实训题

[目的]练习原始凭证、记账凭证的填制

[资料]北京振华科贸公司(开户银行：中国工商银行北京分行，账号：01033886620，地址：北京市石景山区石门路268号，电话：74389765。税务登记号：112366005083386)2009年1月发生如下经济业务：

[要求]根据经济业务填制有关原始凭证并选择填制相应的记账凭证。

1. 1月1日，出纳员张伟开出现金支票一张，从银行提取现金1 000元备用。

<table>
<tr><td>中国工商银行
现金支票存根(京)
XⅡ02500073</td><td colspan="9">中国工商银行现金支票　　　　XⅡ02500073
签发日期　　年　月　日　　开户银行：
收款人：　　　　签发人账号：</td></tr>
<tr><td>科目：</td><td rowspan="2">人民币
(大写)</td><td>十</td><td>万</td><td>千</td><td>百</td><td>十</td><td>元</td><td>角</td><td>分</td></tr>
<tr><td>对方科目：</td><td></td><td></td><td></td><td></td><td></td><td></td><td></td><td></td></tr>
<tr><td>出票日期：＿＿＿＿
收款人：＿＿＿＿
金额：＿＿＿＿
用途：＿＿＿＿</td><td colspan="9">用途：　　　　科目(借)：
上列款项请从我账户内支付。对方科目(贷)：
盖章　　　　付讫日期　　年　月　日
出纳　　复核　　记账</td></tr>
</table>

2. 1月1日，采购部王强因公出差向财务部借支现金500元，财务部经理李强审核批准。

借 款 单

年 月 日

部 门		姓 名		借款用途	
借款金额	人民币(大写)				(小写)¥
实际报销金额		结余金额 超支金额		负责人 审核意见	
备注				结账日期	年 月 日

财务主管　　　　会计　　　　出纳　　　　借款人签章

3. 1月2日,北京光明贸易公司以转账支票(号码:7786986)支付前欠货款80 000元,当日送存银行。(光明贸易公司开户银行:工行北京分行,账号:10023689525,税务登记号:112254568936586,地址:北京大红门6号,电话:74386612)

中国工商银行进账单 (收账通知)3

年 月 日　　　　第 号

出票人	全 称		收款人	全 称											
	账 号			账 号											
	开户银行			开户银行											
金额	人民币(大写)				亿	千	百	十	万	千	百	十	元	角	分
票据种类		票据张数													
票据号码															
单位主管 会计 复核 记账					收款人开户银行盖章 年 月 日										

此联是收款人开户银行交给收款人的收账通知

4. 1月2日,收到北京天成公司(地址:北京市华昌路8号,开户行:工行北京分行,账号:10025436753,税务登记号:1133664532875546)2008年12月29日用信汇方式支付的前欠货款12 000元。

中国工商银行信汇凭证 (收账通知)

委托日期 年 月 日

汇款人	全 称		收款人	全 称								
	账 号			账 号								
	汇出地点			汇入地点								
汇出行名称			汇入行名称									
金额	人民币(大写)				十	万	千	百	十	元	角	分
汇入行签章					支付密码							
					附加信息及用途							
					复核 记账							

此联是汇入行给收款人的收账通知

5. 1 月 2 日，向北京光明贸易公司销售 A 产品 200 件，单价 400 元，B 产品 200 件，单价 300 元，增值税率 17%。货款暂未收到（A、B 产品单位生产成本分别为 200 元和 150 元）。

北京市增值税专用发票

记 账 联 开票日期： 年 月 日

购货单位	名 称： 纳税人识别号： 地 址、电 话： 开户行及账号：			密码区	154312 −3 −578 <1 +45 ∗54 ∗ 163312 > <8182 ∗69 ∗08814 加密版本:02 <4 <2 ∗1702 −8 >8 ∗ + <142 </04700030030 ∗6/5 ∗ > >2 −3 ∗0/8 > >38643654		
货物或应税名称	规格型号	单位	数量	单价	金额	税率	税额
合 计					¥		¥
价税合计（大写）					（小写）¥		
销货单位	名 称： 纳税人识别号： 地 址、电 话： 开户行及账号：			备注			

第三联：记账联 销货方记账凭证

收款人： 复核： 开票人 销货单位：（章）

产品出库单

凭证编号：

用途： 年 月 日 产成品库：

类别	编号	名 称	单位	数量	单位成本	总成本	附注：
合 计							

第三联记账联

会计： 保管： 制单：

6. 1 月 3 日，向北京华源公司（地址：北京市通州区复兴路 5 号，开户行：工行北京分行，账号：10023568468，税务登记号：12234568736435）购进甲材料 200 千克，单价 90 元，乙材料 400 千克，单价 75 元，材料已验收入库，增值税率 17%，价税款开出转账支票支付。

北京市增值税专用发票

抵 扣 联　　开票日期：　年　月　日

购货单位	名　　称： 纳税人识别号： 地 址 、电 话： 开户行及账号：	密码区	154312 -3 -578 <1 +45 * 54 * 163312 > <8182 * 69 * 065439 加密版本:09 <4 <2 * 1702 -8 >8 * + <142 </0 4700030764 * 6/5 * > >2 -3 * 0/8 > > 38643662

货物或应税名称	规格型号	单 位	数 量	单 价	金 额	税 率	税 额
合　计					¥		¥
价税合计（大写）					（小写）¥		

销货单位	名　　称： 纳税人识别号： 地 址 、电 话： 开户行及账号：	备注	

收款人：　　复核：　　开票人：　　销货单位：（章）

第一联：抵扣联　购货方扣税凭证

北京市增值税专用发票

发 票 联　　开票日期：　年　月　日

购货单位	名　　称： 纳税人识别号： 地 址 、电 话： 开户行及账号：	密码区	154312 -3 -578 <1 +45 * 54 * 163312 > <8182 * 69 * 065439 加密版本:09 <4 <2 * 1702 -8 >8 * + <142 </0 4700030764 * 6/5 * > >2 -3 * 0/8 > > 38643662

货物或应税名称	规格型号	单位	数 量	单价	金 额	税率	税额
合　计					¥		¥
价税合计（大写）					（小写）¥		

销货单位	名　　称： 纳税人识别号： 地 址 、电 话： 开户行及账号：	备注	

收款人：　　复核：　　开票人：　　销货单位：（章）

第二联：发票联　购货方记账凭证

中国工商银行 现金支票存根(京) XⅡ01232150	中国工商银行现金支票　　XⅡ01232150 签发日期　年　月　日　　开户银行: 收款人:　　签发人账号:
科目: 对方科目:	人民币 (大写)　　十 万 千 百 十 元 角 分
出票日期: 收款人: 金额: 用途:	用途:　　科目(借): 上列款项请从我账户内支付。对方科目(贷): 盖章　　付讫日期　年　月　日 出纳　复核　记账

收　料　单

供应单位:　　　　　　　　　　　　材料类别:

发票号码:　　　　年　月　日　　　收料仓库:

材料名称	计量单位	数量		实际成本				
		应收	实收	买价		运杂费	合计	单位成本
				单价	金额			
合计								
备注								

第三联记账联

记账:　　　　收料:　　　　制单:

7.1 月 3 日,一车间生产 A 产品领用甲材料 800 千克,单价 90 元,乙材料 1 300 千克,单价 75 元。二车间生产 B 产品领用甲材料 500 千克,乙材料 600 千克。

领　料　单

领料部门:　　　　　　　　　　　　材料类别:

用途:　　　　年　月　日　　　编号:

材料编号	材料名称	规格	计量单位	数量		实际成本	
				请领	实发	单位成本	金额
备　注							

第三联记账联

记账:　　　发料:　　　领料部门:　　　领料人:

领　料　单

领料部门：　　　　　　　　　　　　　　　　　　　　材料类别：

用途：　　　　　　　　　年　　月　　日　　　　　　编号：

材料编号	材料名称	规格	计量单位	数量		实际成本	
				请领	实发	单位成本	金额
备　注							

第三联记账联

记账：　　　　发料：　　　　领料部门：　　　　领料人：

8. 1月4日，厂部以转账支票向北京九龙文化用品公司（开户行：工行北京分行，账号：0108763565 2）购买办公用品：钢笔5支，单价15元，圆珠笔10支，单价6元，笔记本20本，单价4元，已直接领用。

北京市商业零售统一发票

153000620411

客户名称：　　　　　　　年　　月　　日　　　　No：04431856

品　名	规格	单位	数量	单价	金　额							
					十	万	千	百	十	元	角	分
合计人民币（大写）					¥：							
开户银行及账号												

第二联报销凭证

销售单位（盖章有效）　　　电话：　　　　收款人：　　　　开票：

中国工商银行 转账支票存根（京） XⅡ01232151	中国工商银行转账支票　　　XⅡ01232151 签发日期　　年　　月　　日　　开户银行： 收款人：　　　　　　　　　　签发人账号：
科目： 对方科目：	人民币（大写）　十 万 千 百 十 元 角 分
出票日期： 收款人： 金额： 用途：	用途：　　　　科目（借）： 上列款项请从我账户内支付。对方科目（贷）： 盖章　　　　付讫日期　　年　　月　　日 出纳　　　复核　　　记账

9. 1月4日，以转账支票向北京石景山邮政所预付今年上半年报刊费400元（《人民日报》2份，单价80元，杂志4份，单价60元）。

<table>
<tr><td>中国工商银行
转账支票存根（京）
XⅡ01232152</td><td colspan="9">中国工商银行转账支票　　　　XⅡ01232152
签发日期　　年　月　日　　开户银行：
收款人：　　　　　　　　　签发人账号：</td></tr>
<tr><td rowspan="2">科目：
对方科目：</td><td rowspan="2">人民币
（大写）</td><td>十</td><td>万</td><td>千</td><td>百</td><td>十</td><td>元</td><td>角</td><td>分</td></tr>
<tr><td></td><td></td><td></td><td></td><td></td><td></td><td></td><td></td></tr>
<tr><td>出票日期：
收款人：
金额：
用途：</td><td colspan="9">用途：　　　　　　科目（借）：
上列款项请从我账户内支付。对方科目（贷）：
盖章　　　　　　付讫日期　　年　月　日
出纳　　复核　　记账</td></tr>
</table>

中国人民邮政报刊收据

单位：　　　　　　年　　月　　日　　　　　　No. 00125678

报刊种类	附件（订阅单）		金额								
	数量	单价	百	十	万	千	百	十	元	角	分
合计人民币（大写）	¥：										

10. 1 月 5 日，以现金 50 元向大方邮政所购买邮票 100 张。（记入办公费）

中国人民邮政购邮票收据

年　　月　　日

单位名称：

金额（大写）：__________ ¥：__________

北京市邮政局大方邮政所__________

11. 1 月 6 日，用信汇方式偿还前欠北京王朝公司（地址：北京市昌平区沙河镇 10 号，电话：74389962。开户行：工行北京分行，账号：10025876886，税务登记号：113356432686966）的货款 12 000元。

中国工商银行信汇凭证（回单）

委托日期　　年　　月　　日

汇款人	全　称		收款人	全　称	
	账　号			账　号	
	汇出地点			汇入地点	
汇出行名称			汇入行名称		
金额	人民币（大写）				十 万 千 百 十 元 角 分
汇入行签章					支付密码
					附加信息及用途
					复核　　　记账

此联是汇入行给收款人的收账通知

12. 1月7日，一车间生产A产品领用甲材料500千克，单价90元；二车间生产B产品领用乙材料600千克，单价75元。

领　　料　　单

领料部门：　　　　　　　　　　材料类别：

用途：　　　　年　　月　　日　　　　编号：

材料编号	材料名称	规格	计量单位	数量		实际成本	
				请领	实发	单位成本	金额
备　注							

第三联记账联

记账：　　　发料：　　　领料部门：　　　领料人：

领　　料　　单

领料部门：　　　　　　　　　　材料类别：

用途：　　　　年　　月　　日　　　　编号：

材料编号	材料名称	规格	计量单位	数量		实际成本	
				请领	实发	单位成本	金额
备　注							

第三联记账联

记账：　　　发料：　　　领料部门：　　　领料人：

13. 1月7日，采购部王强从沈阳出差归来报销差旅费530元（起止日期：1月1～6日，火车票2张，金额分别为80元，市内交通费单据5张，金额40元，住宿费4天，金额240元，每天伙食补助15

元),补付现金 30 元。

出差车旅费报销单

填制日期：　　年　　月　　日　　　　出差事由：　　　　　　　　　　附凭证　份

月	日	起止地点	天数	车费	市内交通	伙食补助	住宿费	其他	合计	核准金额	领导审批
合　计			大写:								

出差人：

14. 1 月 8 日,向北京天成公司销售 A 产品 175 件,单价 400 元,B 产品 100 件,单价 300 元,增值税率 17%,已委托顺风货运公司送货并以转账支票垫付运杂费 600 元,已办妥委托银行收款的手续。

托　收　凭　证 (受理回单)　　1

委托日期　　年　　月　　日

业务类型	委托收款(□邮划□电划)　托收承付(□邮划□电划)													
付款人	全称			收款人	全称									
	账号				账号									
	地址	市 县	开户行		地址	市 县	开户行							
金额	人民币(大写)				亿	千	百	十	万	千	百	十	元	角
款项内容		托收凭据名　称			附寄单证张数	张								
商品发运情况			合同名称号码											
备注 复核　　记账		款项收妥日期 年　月　日			年　月　日									

此联作收款人开户银行给收款人的受理回单

北京市增值税专用发票

记　账　联　　　　开票日期：　　年　　月　　日

购货单位	名　　称： 纳税人识别号： 地 址 、电 话： 开户行及账号：	密码区	154312－3－578＜1＋45＊54＊ 163312＞＜8182＊69＊07952 加密版本:11 ＜4＜2＊1702－8＞8＊＋＜142＜/0 4700076870 ＊6/5＊＞＞2－3＊0/8＞＞97053421

货物或应税名称	规格型号	单位	数量	单价	金额	税率	税额
合　计					¥		¥
价税合计（大写）					（小写）¥		

销货单位	名　　称： 纳税人识别号： 地 址 、电 话： 开户行及账号：	备注	

第三联：记账联　销货方记账凭证

收款人：　　复核：　　　　开票人　　　销货单位：（章）

中国工商银行 转账支票存根（京） XⅡ01232153	中国工商银行转账支票　　　XⅡ01232153 签发日期　　年　　月　　日　　开户银行： 收款人：　　　　　　　　签发人账号：
科目： 对方科目：	人民币（大写）　　十 万 千 百 十 元 角 分
出票日期： 收款人： 金额： 用途：	用途：　　　　科目（借）： 上列款项请从我账户内支付。对方科目（贷）： 盖章　　　　付讫日期　　年　　月　　日 出纳　　复核　　记账

产 品 出 库 单

凭证编号：

用途：　　　　　年　　月　　日　　　　产成品库：

类别	编号	名　称	单位	数量	单位成本	总成本	附注：
合　计							

第三联记账联

会计：　　　　　　保管：　　　　　　制单：

15. 1 月 9 日，一车间生产 A 产品领用丙材料 500 千克，单价 20 元。（当月领用限额为 2 000 千克）。

限额领料单

领料部门：　　　　　　　　年　月　　　　　　　　No. 00245

用途：　　　　　　　　　　　　　　　　　　　　材料仓库：

材料类别	材料名称	计量单位	单价	全月领用限额	全月实用	
					数量	金额
主要材料						

供应部门负责人：　　　　　　生产计划部门负责人：

日期	请领		实发			退料		限额节余
	数量	领料人	数量	发料人	领料人	数量	退库单号	

核算：　　　　　　　　仓库主管：　　　　　　　　发料：

16. 1月9日，以转账支票支付宏天装修公司（开户行：工行北京分行，账号1002568328）对厂部办公楼的装修费220 000元（装修费将在今后的4年内平均摊销）。

北京市修理业统一发票

客户名称：　　　　　　　　　年　　月　　日

项　目	金　额									备　注
	百	十	万	千	百	十	元	角	分	
合计人民币（大写）										

发票联

企业（盖章）　　　　　　　　　　开票

中国工商银行 转账支票存根（京） XⅡ01232154	中国工商银行转账支票　　XⅡ01232154 签发日期　　年　月　日　　开户银行： 收款人：　　签发人账号：
科目： 对方科目：	人民币（大写）　　十 万 千 百 十 元 角 分
出票日期： 收款人： 金额： 用途：	用途：　　科目（借）： 上列款项请从我账户内支付。对方科目（贷）： 盖章　　付讫日期　　年　月　日 出纳　　复核　　记账

17. 1月9日，向北京王朝公司购进的甲、乙材料（甲材料8 000千克，单价90元，乙材料1 000千克，单价75元）运到验收入库，货款暂欠（对方托收日期为2009年1月7日）。

北京市增值税专用发票

抵 扣 联　　开票日期：　　年　　月　　日

购货单位	名　　称： 纳税人识别号： 地 址 、电 话： 开户行及账号：	密码区	154312-3-578<1+45*54* 163312><8182*69*6574 加密版本:12 <4<2*1702-8>8*+<142</0 4700032314 *6/5*>>2-3*0/8>>　56473829

货物或应税名称	规格型号	单位	数量	单价	金额	税率	税额
合　计					¥		¥
价税合计(大写)					(小写)¥		

销货单位	名　　称： 纳税人识别号： 地 址 、电 话： 开户行及账号：	备注	

收款人：　　复核：　　开票人　　销货单位：(章)

第一联：抵扣联　购货方扣税凭证

北京市增值税专用发票

发 票 联　　开票日期：　　年　　月　　日

购货单位	名　　称： 纳税人识别号： 地 址 、电 话： 开户行及账号：	密码区	154312-3-578<1+45*54* 163312><8182*69*6574 加密版本:12 <4<2*1702-8>8*+<142</0 4700032314 *6/5*>>2-3*0/8>>　56473829

货物或应税名称	规格型号	单位	数量	单价	金额	税率	税额
合　计					¥		¥
价税合计(大写)					(小写)¥		

销货单位	名　　称： 纳税人识别号： 地 址 、电 话： 开户行及账号：	备注	

收款人：　　复核：　　开票人　　销货单位：(章)

第二联：发票联　购货方记账凭证

托收凭证（付款通知）5

委托日期2009年1月7日　付款期限　年　月　日

<table>
<tr><td colspan="2">业务类型</td><td colspan="12">委托收款（□邮划□电划）　托收承付（□邮划□电划）</td></tr>
<tr><td rowspan="3">付款人</td><td>全称</td><td colspan="3"></td><td rowspan="3">收款人</td><td>全称</td><td colspan="7"></td></tr>
<tr><td>账号</td><td colspan="3"></td><td>账号</td><td colspan="7"></td></tr>
<tr><td>地址</td><td>市
县</td><td>开户行</td><td></td><td>地址</td><td>市
县</td><td>开户行</td><td colspan="5"></td></tr>
<tr><td rowspan="2">金额</td><td colspan="4" rowspan="2">人民币（大写）</td><td>亿</td><td>千</td><td>百</td><td>十</td><td>万</td><td>千</td><td>百</td><td>十</td><td>元</td><td>角</td></tr>
<tr><td></td><td></td><td></td><td></td><td></td><td></td><td></td><td></td><td></td><td></td></tr>
<tr><td>款项内容</td><td colspan="2"></td><td>托收凭据名　称</td><td colspan="3"></td><td>附寄单证张数</td><td colspan="6"></td></tr>
<tr><td colspan="2">商品发运情况</td><td colspan="3"></td><td colspan="3">合同名称号码</td><td colspan="6"></td></tr>
<tr><td colspan="4">备注
付款人开户银行收到日期
年　月　日
复核　记账</td><td colspan="4">付款人开户银行签章
年　月　日</td><td colspan="6">付款人注意：
1. 根据支付结算办法，上列委托收款（托收承付）款项在付款期限内未提出拒付，即视为同意付款，以此代付款通知。
2. 如需提出全部或部分拒付，应在规定期限内，将拒付理由书并附债务证明退交开户银行。</td></tr>
</table>

此联是付款人开户银行给付款人按期付款的通知

收　料　单

供应单位：　　　　　　　　　　　　　　　　材料类别：

发票号码：　　　　　年　月　日　　　　　　收料仓库：

<table>
<tr><td rowspan="3">材料名称</td><td rowspan="3">计量单位</td><td colspan="2">数量</td><td colspan="5">实际成本</td></tr>
<tr><td rowspan="2">应收</td><td rowspan="2">实收</td><td colspan="2">买价</td><td rowspan="2">运杂费</td><td rowspan="2">合计</td><td rowspan="2">单位成本</td></tr>
<tr><td>单价</td><td>金额</td></tr>
<tr><td></td><td></td><td></td><td></td><td></td><td></td><td></td><td></td><td></td></tr>
<tr><td></td><td></td><td></td><td></td><td></td><td></td><td></td><td></td><td></td></tr>
<tr><td></td><td></td><td></td><td></td><td></td><td></td><td></td><td></td><td></td></tr>
<tr><td>合计</td><td></td><td></td><td></td><td></td><td></td><td></td><td></td><td></td></tr>
<tr><td>备注</td><td colspan="8"></td></tr>
</table>

第三联记账联

记账：　　　　　　　　收料：　　　　　　　　制单：

18. 1月10日，一车间生产A产品领用丙材料1 000千克，单价20元。（参见业务15）

19. 1月10日，上月向北京天成公司销售产品的款项40 000元，收到转账支票（号码：7432166）送存银行。

中国工商银行进账单 (收账通知)3

年　月　日　　　　第　号

出票人	全　称		收款人	全　称	
	账　号			账　号	
	开户银行			开户银行	

		亿	千	百	十	万	千	百	十	元	角	分
金额	人民币(大写)											

票据种类		票据张数	
票据号码			

单位主管　　会计　　复核　　记账

收款人开户银行盖章
年　月　日

此联是收款人开户银行交给收款人的收账通知

20.1 月 10 日,开出转账支票归还前欠北京华源公司的材料款 35 000 元。

中国工商银行 转账支票存根(京) XⅡ01232155	中国工商银行转账支票 签发日期　年　月　日 收款人:	XⅡ01232155 开户银行: 签发人账号:
科目: 对方科目:	人民币 (大写)	十 / 万 / 千 / 百 / 十 / 元 / 角 / 分
出票日期: 收款人: 金额: 用途:	用途:　科目(借): 上列款项请从我账户内支付。对方科目(贷): 盖章	付讫日期　年　月　日 出纳　复核　记账

收款凭证

总号____
借方科目　　　年　月　日　　　分号____

摘　要	应贷科目		记账	金额									
	总账科目	二级和明细科目		千	百	十	万	千	百	十	元	角	分
	合计金额												

附件　　张

财务主管　　记账　　出纳　　复核　　制单

收款凭证

总号____

借方科目　　　　年　　月　　日　　　　分号____

摘　要	应贷科目		记账	金　额									
	总账科目	二级和明细科目		千	百	十	万	千	百	十	元	角	分
合计金额													

附件　张

财务主管　　记账　　出纳　　复核　　制单

收款凭证

总号____

借方科目　　　　年　　月　　日　　　　分号____

摘　要	应贷科目		记账	金　额									
	总账科目	二级和明细科目		千	百	十	万	千	百	十	元	角	分
合计金额													

附件　张

财务主管　　记账　　出纳　　复核　　制单

付款凭证

总号____

贷方科目　　　　年　　月　　日　　　　分号____

摘　要	应借科目		记账	金　额									
	总账科目	二级和明细科目		千	百	十	万	千	百	十	元	角	分
合计金额													

附件　张

财务主管　　记账　　出纳　　复核　　制单

付款凭证

总号____
分号____

贷方科目　　　　　　年　　月　　日

摘要	应借科目		记账	金额									
	总账科目	二级和明细科目		千	百	十	万	千	百	十	元	角	分
合计金额													

附件　　张

财务主管　　记账　　出纳　　复核　　制单

付款凭证

总号____
分号____

贷方科目　　　　　　年　　月　　日

摘要	应借科目		记账	金额									
	总账科目	二级和明细科目		千	百	十	万	千	百	十	元	角	分
合计金额													

附件　　张

财务主管　　记账　　出纳　　复核　　制单

付款凭证

总号____
分号____

贷方科目　　　　　　年　　月　　日

摘要	应借科目		记账	金额									
	总账科目	二级和明细科目		千	百	十	万	千	百	十	元	角	分
合计金额													

附件　　张

财务主管　　记账　　出纳　　复核　　制单

付款凭证

总号____

贷方科目　　　　　　　　年　　月　　日　　　　　　　　分号____

摘要	应借科目		记账	金额									
	总账科目	二级和明细科目		千	百	十	万	千	百	十	元	角	分
合计金额													

附件　　张

财务主管　　　　记账　　　　出纳　　　　复核　　　　制单

付款凭证

总号____

贷方科目　　　　　　　　年　　月　　日　　　　　　　　分号____

摘要	应借科目		记账	金额									
	总账科目	二级和明细科目		千	百	十	万	千	百	十	元	角	分
合计金额													

附件　　张

财务主管　　　　记账　　　　出纳　　　　复核　　　　制单

付款凭证

总号____

贷方科目　　　　　　　　年　　月　　日　　　　　　　　分号____

摘要	应借科目		记账	金额									
	总账科目	二级和明细科目		千	百	十	万	千	百	十	元	角	分
合计金额													

附件　　张

财务主管　　　　记账　　　　出纳　　　　复核　　　　制单

付款凭证

总号____

贷方科目　　　　年　月　日　　　　分号____

摘要	应借科目		记账	金额									
	总账科目	二级和明细科目		千	百	十	万	千	百	十	元	角	分
合计金额													

附件　张

财务主管　　记账　　出纳　　复核　　制单

付款凭证

总号____

贷方科目　　　　年　月　日　　　　分号____

摘要	应借科目		记账	金额									
	总账科目	二级和明细科目		千	百	十	万	千	百	十	元	角	分
合计金额													

附件　张

财务主管　　记账　　出纳　　复核　　制单

付款凭证

总号____

贷方科目　　　　年　月　日　　　　分号____

摘要	应借科目		记账	金额									
	总账科目	二级和明细科目		千	百	十	万	千	百	十	元	角	分
合计金额													

附件　张

财务主管　　记账　　出纳　　复核　　制单

付款凭证

总号____
分号____

贷方科目　　　　年　　月　　日

摘要	应借科目		记账	金额									
	总账科目	二级和明细科目		千	百	十	万	千	百	十	元	角	分
合计金额													

附件　张

财务主管　　记账　　出纳　　复核　　制单

转账凭证

总号____
分号____

年　　月　　日

摘要	总账科目	明细科目	借方金额										贷方金额										记账
			千	百	十	万	千	百	十	元	角	分	千	百	十	万	千	百	十	元	角	分	
合计金额																							

附件　张

财务主管　　记账　　出纳　　复核　　制单

转账凭证

总号____
分号____

年　　月　　日

摘要	总账科目	明细科目	借方金额										贷方金额										记账
			千	百	十	万	千	百	十	元	角	分	千	百	十	万	千	百	十	元	角	分	
合计金额																							

附件　张

财务主管　　记账　　出纳　　复核　　制单

转账凭证

年　月　日　　　　总号____　分号____

摘要	总账科目	明细科目	借方金额										贷方金额										记账
			千	百	十	万	千	百	十	元	角	分	千	百	十	万	千	百	十	元	角	分	
合计金额																							

附件　张

财务主管　　记账　　出纳　　复核　　制单

转账凭证

年　月　日　　　　总号____　分号____

摘要	总账科目	明细科目	借方金额										贷方金额										记账
			千	百	十	万	千	百	十	元	角	分	千	百	十	万	千	百	十	元	角	分	
合计金额																							

附件　张

财务主管　　记账　　出纳　　复核　　制单

转账凭证

年　月　日　　　　总号____　分号____

摘要	总账科目	明细科目	借方金额										贷方金额										记账
			千	百	十	万	千	百	十	元	角	分	千	百	十	万	千	百	十	元	角	分	
合计金额																							

附件　张

财务主管　　记账　　出纳　　复核　　制单

转账凭证

总号____

年　　月　　日　　分号____

摘要	总账科目	明细科目	借方金额										贷方金额										记账
			千	百	十	万	千	百	十	元	角	分	千	百	十	万	千	百	十	元	角	分	
合 计 金 额																							

附件　　张

财务主管　　记账　　出纳　　复核　　制单

转账凭证

总号____

年　　月　　日　　分号____

摘要	总账科目	明细科目	借方金额										贷方金额										记账
			千	百	十	万	千	百	十	元	角	分	千	百	十	万	千	百	十	元	角	分	
合 计 金 额																							

附件　　张

财务主管　　记账　　出纳　　复核　　制单

转账凭证

总号____

年　　月　　日　　分号____

摘要	总账科目	明细科目	借方金额										贷方金额										记账
			千	百	十	万	千	百	十	元	角	分	千	百	十	万	千	百	十	元	角	分	
合 计 金 额																							

附件　　张

财务主管　　记账　　出纳　　复核　　制单

参考答案

一、单项选择题

1. D　2. B　3. A　4. D　5. B　6. C　7. B　8. C　9. D　10. C　11. C　12. B　13. D　14. B　15. C

二、多项选择题

1. AC　2. BD　3. ABC　4. ABCD　5. CD　6. ACD　7. ABD　8. ABCD　9. ABC　10. BCD

三、判断题

1. √　2. ×　3. ×　4. ×　5. ×　6. √　7. ×　8. √　9. √　10. √

四、实训题(原始凭证及记账凭证的填制略)

1. 借:库存现金	1 000	
贷:银行存款		1 000
2. 借:其他应收款——王强	500	
贷:库存现金		500
3. 借:银行存款	80 000	
贷:应收账款——光明贸易公司		80 000
4. 借:银行存款	12 000	
贷:应收账款——北京天成公司		12 000
5. 借:应收账款——光明贸易公司	163 800	
贷:主营业务收入——A 产品		80 000
——B 产品		60 000
应交税费——应交增值税(销项税额)		23 800
6. 借:原材料——甲材料	18 000	
——乙材料	30 000	
应交税费——应交增值税(进项税额)	8 160	
贷:银行存款		56 160
7. 借:生产成本——A 产品	169 500	
——B 产品	90 000	
贷:原材料——甲材料		117 000
——乙材料		142 500
8. 借:管理费用——办公费	215	
贷:银行存款		215
9. 借:其他应收款——报刊费	400	
贷:银行存款		400
10. 借:管理费用——办公费	50	
贷:库存现金		50
11. 借:应付账款——北京王朝公司	12 000	
贷:银行存款		12 000
12. 借:生产成本——A 产品	45 000	
——B 产品	45 000	
贷:原材料——甲材料		45 000
——乙材料		45 000

13. 借:管理费用——差旅费 530
    贷:其他应收款——王强 500
        库存现金 30

14. 借:应收账款——北京天成公司 117 600
    贷:主营业务收入——A 产品 70 000
                  ——B 产品 30 000
        应交税费——应交增值税(销项税额) 17 000
        银行存款 600

15. 借:生产成本——A 产品 10 000
    贷:原材料——丙材料 10 000

16. 借:长期待摊费用 220 000
    贷:银行存款 220 000

17. 借:原材料——甲材料 720 000
              ——乙材料 75 000
    应交税费——应交增值税(进项税额) 135 150
    贷:应付账款——北京王朝公司 930 150

18. 借:生产成本——A 产品 20 000
    贷:原材料——丙材料 20 000

19. 借:银行存款 40 000
    贷:应收账款——北京天成公司 40 000

20. 借:应付账款——北京华源公司 35 000
    贷:银行存款 35 000

(业务 1、2、6、8、9、10、11、13、14、16、20 填付款凭证,业务 3、4、19 填收款凭证,业务 5、7、12、13、14、15、17、18 填转账凭证)

第六章

会计账簿

【学习目的】

通过本章的学习,要求学生了解账簿设置的意义,理解账簿、对账、结账的概念,熟悉账簿的种类,格式,掌握日记账、总分类账、明细分类账的记账规则和记账方法,掌握错账的更正方法。

【学习要点】

1. 账簿是由一定格式、相互联系的账页所组成,以审核无误的会计凭证为依据,序时、分类、系统地记录和反映各项经济业务的会计簿籍。

2. 账簿按用途不同可分为序时账、分类账和备查账;按外表形式可分为订本账、活页账和卡片账;按账页格式可分为三栏式账簿、多栏式账簿、数量金额式账簿等。

序时账即日记账,是按照各项经济业务发生的时间顺序,逐日逐笔顺序登记的账簿;分类账是对全部经济业务按总分类账户和明细分类账户进行分类登记的账簿,按其分类的详细程度不同,分为总分类账簿和明细分类账簿;备查账又称辅助账,是对某些在序时账和分类账中未能记载或记载不全的事项进行补充登记的账簿。

3. 为保证账簿记录的真实性和正确性,做到账证相符、账账相符、账实相符,企业应定期对各种账簿记录进行核对。

4. 错账更正方法有画线更正法、红字更正法、补充登记法。

5. 结账就是把一定时期内应记入账簿的经济业务全部登记入账后,计算并记录本期发生额和期末余额,据以编制财务会计报告,并将余额结转下期或新的账簿。

重点:日记账和分类账的种类及登记、错账的更正

难点:平行登记、对账、红字更正法

实训练习

一、单项选择题

1. 登记账簿的依据是(　　)。

A. 经济业务　　B. 会计凭证　　C. 经济合同　　D. 领导批示

2. 管理费用明细账采用(　　)。

A. 三栏式　　B. 数量金额式　　C. 多栏式　　D. 横线登记式

3. 应收账款明细账采用(　　)。

A. 三栏式　　B. 数量金额式　　C. 多栏式　　D. 三者均可

4. 库存商品明细账采用(　　)。

A. 三栏式　B. 横线登记式　C. 多栏式　D. 数量金额式

5. 结账前若发现账簿记录中数字或文字发生错误，而记账凭证正确，采用(　　)更正。

A. 红字更正法　B. 画线更正法　C. 补充登记法　D. 顺查法

6. 财务会计报告中各项目的数据，其直接来源是(　　)。

A. 账簿记录　B. 原始凭证　C. 日记账　D. 记账凭证

7. 现金日记账和银行存款日记账由(　　)登记。

A. 会计主管　B. 会计人员　C. 出纳人员　D. 稽核人员

8. 结账时发现已入账的记账凭证中误将 5 000 元写成 500 元，但科目、方向正确无误，应采用(　　)。

A. 红字更正法　B. 画线更正法　C. 补充登记法　D. 抽查法

9. 记账凭证中科目、方向正确，但所记金额大于应记金额，并已登记入账，更正方法是(　　)。

A. 红字更正法　B. 画线更正法　C. 补充登记法　D. 逆查法

10. 下列各项中，属于账实核对的是(　　)。

A. 总账与日记账核对　B. 总账与明细账核对

C. 原始凭证与记账凭证核对　D. 银行存款日记账与银行对账单核对

11. 序时账簿和总分类账簿一般采用(　　)。

A. 活页账　B. 订本账　C. 卡片账　D. 备查账

12. 采用补充登记法更正错账时，应编制(　　)记账凭证。

A. 红字　B. 蓝字　C. 红字和蓝字　D. 红字或蓝字

13. 记账凭证记账栏中"√"记号表示(　　)。

A. 已登记入账　B. 已经审核　C. 此凭证作废　D. 此凭证编制正确

14. 月末结账时，在摘要为"本月合计"一栏下面，通栏画(　　)。

A. 单红线　B. 双红线　C. 单蓝线　D. 双蓝线

15. 采用画线更正法更正账簿中的错误数字时，应(　　)。

A. 用一条蓝线将整个数字全部画去　B. 用多条红线将整个数字全部画去

C. 用一条红线将有错误的数字画去　D. 用一条红线将整个数字全部画去

二、多项选择题

1. 账簿应具备的基本内容有(　　)。

A. 封面　B. 扉页　C. 账页　D. 账户名称

2. 下列各项中，采用多栏式明细账的账户是(　　)。

A. 生产成本　B. 管理费用　C. 应收账款　D. 原材料

3. 账簿按用途的不同可分为(　　)。

A. 日记账　B. 订本账　C. 分类账　D. 备查账

4. 明细分类账可采用的格式有(　　)。

A. 三栏式　B. 多栏式　C. 数量金额式　D. 联合式

5. 下列情况，可以使用红色墨水记账的有(　　)。

A. 冲销错误记录　B. 未印明余额方向的，在余额栏内登记负数余额

C. 登记期末余额　D. 在不设借、贷栏的多栏式账页中，登记减少数

6. 对账的主要内容包括(　　)。

A. 账表核对　B. 账账核对　C. 账证核对　D. 账实核对

7. 下列各项中可用来登记明细账的有(　　)。

A. 领导批示　B. 经济合同　C. 原始凭证　D. 记账凭证

8. 可作为银行存款日记账登记依据的是(　　)。
A. 现金收款凭证　B. 现金付款凭证　C. 银行存款收款凭证　D. 银行存款付款凭证
9. 下列属于错账更正方法的是(　　)。
A. 画线更正法　B. 红字更正法　C. 蓝字更正法　D. 补充登记法
10. 下列采用三栏式明细账的账户有(　　)。
A. 原材料　B. 应收账款　C. 应付账款　D. 财务费用

三、判断题

1. 三栏式账簿是指具有日期、摘要、金额三个栏目的账簿。(　　)
2. 年度终了,日记账、总账和所有明细账都必须更换新账,不能延续使用旧账。(　　)
3. 各单位在更换旧账簿、启用新账簿时,应当填制账簿启用表。(　　)
4. 总分类账一般采用订本式账簿、三栏式账页,运用货币量度进行核算。(　　)
5. 现金日记账由出纳根据审核无误的现金收、付款凭证和转账凭证逐日、逐笔序时登记。(　　)
6. 订本账是指为防止抽换账页,在年终结账后将账页固定装订成册的账簿。(　　)
7. 记账时,必须按账簿页次顺序登记,不得跳行、隔页。(　　)
8. 总分类账和明细分类账都是直接根据记账凭证登记的。(　　)
9. 银行存款日记账既是序时账簿又是订本账簿。(　　)
10. 会计账簿是编制财务会计报告的主要依据。(　　)
11. 为确保账簿记录清晰耐久,防止涂改,记账时必须使用蓝黑墨水且用钢笔书写,不能使用圆珠笔和铅笔。(　　)
12. 备查账簿没有固定格式,一般根据各单位会计核算和经营管理的需要而设置。(　　)
13. 账证核对就是将账簿记录与原始凭证进行核对。(　　)
14. 对账时,发现记账凭证中应记金额小于已记金额并已记入相关账簿,但科目和方向正确,可用画线更正法。(　　)

四、实训题

实训一

[目的]练习错账的更正方法。

[资料]某企业在对账时发现下列经济业务内容的账簿记录有误。

1. 以银行存款 2 860 元购入原材料,已入库。原记账凭证中的会计分录为:

借:原材料　2 680
　贷:银行存款　2 680

2. 车间修理办公楼领用原材料 4 000 元。原记账凭证中的会计分录为:

借:生产成本　4 000
　贷:原材料　4 000

3. 以现金 304 元购买文具用品。原记账凭证中的会计分录为:

借:管理费用　403
　贷:库存现金　403

4. 以银行存款支付前欠供货方的货款 78 000 元。原记账凭证中的会计分录为:

借:应付账款　78 000
　贷:银行存款　78 000

但账簿记录中误记为 87 000 元

[要求]说明上述经济业务的错误记录应采用何种错账更正方法并进行更正。

实训二

[目的]练习日记账、总账和明细账的登记。

[资料]北京振华科贸公司2009年1月初有关明细账的余额如下：

1. 现金日记账余额为825.30元。银行存款日记账的余额为313 258.35元。
2. 应收账款账户余额为：北京光明贸易公司80 000元，北京天成公司52 000元。
3. 应付账款账户余额为：北京王朝公司12 000元，北京华源公司35 000元。
4. 原材料账户的余额为：

   甲材料：数量：3 000千克，单价：90元，金额：270 000元

   乙材料：数量：2 500千克，单价：75元，金额：187 500元

   丙材料：数量：2 000千克，单价：20元，金额：40 000元

[要求]请根据第五章的会计凭证登记现金和银行存款总账及日记账、应收账款和应付账款总账及明细账、原材料总账及明细账（以记账凭证核算形式为例，所需账页附后）。

库存现金日记账

年		凭证号数	摘　要	对方科目	收　入	支　出	结　余
月	日						

银行存款日记账

年		凭证号数	摘　要	结算凭证		对方科目	收　入	支　出	结　余
月	日			种类	号数				

应收账款明细账

明细账户：

年		凭证号数	摘要	借方	贷方	借或贷	余额
月	日						

应收账款明细账

明细账户：

年		凭证号数	摘要	借方	贷方	借或贷	余额
月	日						

应付账款明细账

明细账户：

年		凭证号数	摘要	借方	贷方	借或贷	余额
月	日						

应付账款明细账

明细账户：

年		凭证号数	摘要	借方	贷方	借或贷	余额
月	日						

原材料明细账

品名______　　　　　　总　　页第　　页

年		凭证		摘要	单价	收入		支出		结存	
月	日	种类	号数			数量	金额	数量	金额	数量	金额

原材料明细账

品名______　　　　　　总　　页第　　页

年		凭证		摘要	单价	收入		支出		结存	
月	日	种类	号数			数量	金额	数量	金额	数量	金额

原材料明细账

品名______　　　　　　总　　页第　　页

年		凭证		摘要	单价	收入		支出		结存	
月	日	种类	号数			数量	金额	数量	金额	数量	金额

总分类账

账户名称:库存现金

年		凭证号数	摘要	借方	贷方	借或贷	余额
月	日						

总分类账

账户名称:银行存款

年		凭证号数	摘 要	借 方	贷 方	借或贷	余 额
月	日						

总分类账

账户名称:应收账款

年		凭证号数	摘 要	借 方	贷 方	借或贷	余 额
月	日						

总分类账

账户名称:应付账款

年		凭证号数	摘 要	借 方	贷 方	借或贷	余 额
月	日						

总分类账

账户名称:原材料

年		凭证号数	摘 要	借 方	贷 方	借或贷	余 额
月	日						

参考答案

一、单项选择题

1. B 2. C 3. A 4. D 5. B 6. A 7. C 8. C 9. A 10. D 11. B 12. B 13. A 14. A 15. D

二、多项选择题

1. ABC 2. AB 3. ACD 4. ABC 5. ABD 6. BCD 7. CD 8. BCD 9. ABD 10. BC

三、判断题

1. × 2. × 3. √ 4. √ 5. × 6. × 7. √ 8. × 9. √ 10. √ 11. √ 12. √ 13. × 14. ×

四、实训题

实训一

1. 采用补充登记法更正。填制一张金额为180元的记账凭证据以登记账簿,补记少记金额。

借:原材料　180

　贷:银行存款　180

2. 采用红字更正法更正。填制一张红字记账凭证据以登记账簿,冲销错误记录;再填一张正确的记账凭证据以登记账簿。

借:生产成本　[4 000]

　贷:原材料　[4 000]

借:管理费用　4 000

　贷:原材料　4 000

3. 采用红字更正法更正。填制一张红字记账凭证据以登记账簿,冲销多记金额99元。

借:管理费用　[99]

　贷:库存现金　[99]

4. 采用画线更正法更正。直接在账簿记录中画线(红线)更正(蓝字)。

实训二

库存现金日记账

2009年		凭证号数	摘要	对方科目	收入	支出	结余
月	日						
1	1		期初余额				825.30
1	1	银付1	提现	银行存款	1 000		1 825.30
1	1	现付1	个人借款(王强)	其他应收款		500	1 325.30
1	5	现付2	购邮票	管理费用		50	1 275.30
1	7	现付3	付差旅费	管理费用		30	1 245.30

银行存款日记账

2009年		凭证号数	摘要	结算凭证		对方科目	收入	支出	结余
月	日			种类	号数				
1	1		期初余额						313 258.35
1	1	银付1	提现	现支	0073	库存现金		1 000	312 258.35
1	2	银收1	收前欠货款	进账单		应收账款	80 000		392 258.35
1	2	银收2	收前欠货款	信汇		应收账款	12 000		404 258.35
1	3	银付2	购料	转支	2150	原材料等		56 160	348 098.35
1	4	银付3	购办公用品	转支	2151	管理费用		215	347 883.35
1	4	银付4	付报刊费	转支	2152	其他应收款		400	347 483.35
1	6	银付5	付前欠货款	信汇		应付账款		12 000	335 483.35
1	8	银付6	垫付运费	转支	2153	应收账款		600	334 883.35
1	9	银付7	付装修费	转支	2154	长期待摊费用		220 000	114 883.35
1	10	银收3	收前欠货款	进账单		应收账款	40 000		154 883.35
1	10	银付8	付前欠货款	转支		应付账款		35 000	119 883.35

应收账款明细账

明细账户:北京光明贸易公司

2009年		凭证号数	摘要	借方	贷方	借或贷	余额
月	日						
1	1		期初余额			借	80 000
1	2	银收1	收前欠货款		80 000	平	
1	2	转1	销售产品	163 800		借	163 800

应收账款明细账

明细账户:北京天成公司

2009年 月	日	凭证号数	摘要	借方	贷方	借或贷	余额
1	1		期初余额			借	52 000
1	2	银收2	收前欠货款		12 000	借	40 000
1	8	转5、银付6	销售产品	117 600		借	157 600
1	10	银收3	收前欠货款		40 000	借	117 600

应付账款明细账

明细账户:北京王朝公司

2009年 月	日	凭证号数	摘要	借方	贷方	借或贷	余额
1	1		期初余额			贷	12 000
1	6	银付5	付前欠货款	12 000		平	0
1	9	转7	购料欠款		930 150	贷	930 150

应付账款明细账

明细账户:北京华源公司

2009年 月	日	凭证号数	摘要	借方	贷方	借或贷	余额
1	1		期初余额			贷	35 000
1	10	银付8	付前欠货款	35 000		平	0

原材料明细账

品名 甲材料　　　　总　页第　页

2009年		凭证		摘要	单价	收入		支出		结存	
月	日	种类	号数			数量	金额	数量	金额	数量	金额
1	1			期初余额	90					3 000	270 000
1	3	银付	2	购入	90	200	18 000			3 200	288 000
1	3	转	2	生产领用	90			1 300	117 000	1 900	171 000
1	7	转	3	生产领用	90			500	45 000	1 400	126 000
1	9	转	7	购入	90	8 000	720 000			2 200	846 000

原材料明细账

品名 乙材料　　　　　　　　　　　　　　总　　页第　　页

2009年		凭证		摘要	单价	收入		支出		结存	
月	日	种类	号数			数量	金额	数量	金额	数量	金额
1	1			期初余额	75					2 500	187 500
1	3	银付	2	购入	75	400	30 000			2 900	217 500
1	3	转	2	生产领用	75			1 900	142 500	1 000	75 000
1	7	转	3	生产领用	75			600	45 000	400	30 000
1	9	转	7	购入	75	1 000	75 000			1 400	105 000

原材料明细账

品名 丙材料　　　　　　　　　　　　　　总　　页第　　页

2009年		凭证		摘要	单价	收入		支出		结存	
月	日	种类	号数			数量	金额	数量	金额	数量	金额
1	1			期初余额	20					2 000	40 000
1	9	转	6	生产领用	20			500	10 000	1 500	30 000
1	10	转	8	生产领用	20			1 000	20 000	500	10 000

总分类账

账户名称:库存现金

2009年		凭证号数	摘要	借方	贷方	借或贷	余额
月	日						
1	1		期初余额			借	825.30
1	1	银付1	提现	1 000		借	1 825.30
1	1	现付1	个人借款(王强)		500	借	1 325.30
1	5	现付2	购邮票		50	借	1 275.30
1	7	现付3	付差旅费		30	借	1 245.30

总分类账

账户名称:应收账款

2009年		凭证号数	摘要	借方	贷方	借或贷	余额
月	日						
1	1		期初余额			借	132 000.00
1	2	银收1	收前欠货款		80 000	借	52 000.00
1	2	银收2	收前欠货款		12 000	借	40 000.00
1	2	转1	销售产品	163 800		借	203 800.00
1	8	转5、银付6	销售产品	117 600		借	321 400.00
1	10	银收3	收前欠货款		40 000	借	281 000.00

总分类账

账户名称:银行存款

2009年		凭证号数	摘 要	借 方	贷 方	借或贷	余 额
月	日						
1	1		期初余额			借	313 258. 35
1	1	银付1	提现		1 000	借	312 258. 35
1	2	银收1	收前欠货款	80 000		借	392 258. 35
1	2	银收2	收前欠货款	12 000		借	404 258. 35
1	3	银付2	购料		56 160	借	348 098. 35
1	4	银付3	购办公用品		215	借	347 883. 35
1	4	银行4	付报刊费		400	借	347 483. 35
1	6	银付5	付前欠货款		12 000	借	335 483. 35
1	8	银付6	垫付运费		600	借	334 883. 35
1	9	银付7	付装修费		220 000	借	114 883. 35
1	10	银收3	收前欠货款	40 000		借	154 883. 35
1	10	银付8	付前欠货款		35 000	借	119 883. 35

总分类账

账户名称:应付账款

2009年		凭证号数	摘 要	借 方	贷 方	借或贷	余 额
月	日						
1	1		期初余额			贷	47 000. 00
1	6	银付5	付前欠货款	12 000		贷	35 000. 00
1	9	转7	购料欠款		930 150	贷	965 150. 00
1	10	银付8	付前欠货款	35 000		贷	930 150. 00

总分类账

账户名称:原材料

2009年		凭证号数	摘 要	借 方	贷 方	借或贷	余 额
月	日						
1	1		期初余额			借	497 500. 00
1	3	银付2	购入	48 000		借	545 500. 00
1	3	转2	生产领用		259 500	借	286 000. 00
1	7	转3	生产领用		90 000	借	196 000. 00
1	9	转6	生产领用		10 000	借	186 000. 00
1	9	转7	购入	795 000		借	981 000. 00
1	10	转8	生产领用		20 000	借	961 000. 00

第七章

企业主要经济业务的核算

【学习目的】

通过本章的学习,要求学生了解工业企业资金筹集、供应、生产、销售、利润形成和分配等业务过程,熟悉不同过程的主要经济业务,掌握不同经营过程核算时所设置的主要账户及其具体运用,认识工业企业经营过程中成本计算的一般方法。

【学习要点】

1. 资金筹集是企业根据其生产经营的需要,通过各种渠道筹集企业生产经营所需资金的过程,是企业生产经营活动得以顺利进行的前提。企业的筹资渠道主要有两个:投资者投入和向债权人借入。

资金退出是指经营资金退出企业的生产经营过程。包括减少企业资本、偿还企业债务和向投资者分配利润等。

2. 供应过程主要是材料采购、进项税额、材料的收入、发出和储存等业务的核算。

3. 生产过程主要是生产费用和期间费用的核算。生产费用包括直接材料、直接人工和制造费用等成本项目;期间费用包括销售费用、管理费用、财务费用。

4. 销售过程主要是确认和反映销售收入、计算和交纳增值税及消费税等税金、计算并结转销售成本、核算和归集销售费用等。

5. 财务成果是指企业在一定时间内全部经营活动在财务上所取得的成果,即全部收入减去全部支出后的净额,表现为利润或亏损。工业企业的财务成果主要包括营业利润(或亏损)、营业外收入和营业外支出三部分。

6. 会计要素中的收入、费用与利得、损失不同。收入与费用是企业在日常活动中形成的经济利益的总流入及总流出,而利得与损失是与企业的日常活动没有直接关系的经济利益净流入或净流出。

7. 企业要根据利润总额交纳所得税,再将净利润按照规定的比例提取法定盈余公积等,然后向投资者分配利润,余额为未分配利润。

重点:再生产过程中主要经济业务的账务处理。

难点:成本计算、增值税的核算、利润形成及分配的账务处理

实训练习

一、单项选择题

1. 对一般纳税人来说,下列项目中不构成材料采购成本的是(   )。

A. 买价　　B. 进项税额　　C. 运杂费　　D. 关税

2. 企业预付下年度财产保险费,应记入(　　)账户。
A. 其他应收款　B. 其他应付款　C. 管理费用　D. 财务费用
3. 车间固定资产折旧费用应记入(　　)账户。
A. 制造费用　B. 销售费用　C. 管理费用　D. 财务费用
4. 企业的应付款项确实无法支付,经确认后转作(　　)。
A. 营业外收入　B. 资本公积　C. 其他业务收入　D. 主营业务收入
5. 下列不属于期间费用的是(　　)。
A. 销售费用　B. 管理费用　C. 财务费用　D. 制造费用
6. 企业借入短期借款的利息费用,应记入(　　)账户的借方。
A. 管理费用　B. 销售费用　C. 财务费用　D. 制造费用
7. 下列不属于营业外支出的项目是(　　)。
A. 固定资产盘亏损失　B. 非常损失　C. 捐赠支出　D. 坏账损失
8. 下列费用中,不应计入产品成本的费用有(　　)。
A. 制造费用　B. 直接材料　C. 直接人工　D. 管理费用
9. 企业接受外商投资的机器设备应记入的账户是(　　)。
A. 实收资本　B. 资本公积　C. 盈余公积　D. 投资收益
10. 主营业务成本是指(　　)。
A. 全部产品的制造成本　B. 已售产品的制造成本
C. 已售产品的售价　D. 库存商品的制造成本
11. 实际成本核算法下,已运达企业,尚未验收入库的外购材料应记入(　　)账户。
A. 原材料　B. 在途物资　C. 材料采购　D. 材料成本差异
12. 下列各项中,应计入管理费用的是(　　)。
A. 差旅费　B. 广告费　C. 采购费用　D. 非常损失
13. 不影响本期营业利润的项目是(　　)。
A. 主营业务成本　B. 管理费用　C. 主营业务收入　D. 所得税费用
14. 商业汇票按(　　)的不同,分为商业承兑汇票和银行承兑汇票。
A. 收款人　B. 承兑人　C. 付款人　D. 被背书人
15. 下列说法中正确的是(　　)。
A. 利得和损失一定会影响当期损益
B. 损失一定计入当期损益,利得一定计入所有者权益
C. 利得和损失一定会影响所有者权益
D. 损失一定计入当期所有者权益,利得一定计入当期损益
16. 预收账款不多的企业,可以将预收的货款直接贷记(　　)。
A. 银行存款　B. 应收账款　C. 应付账款　D. 主营业务收入
17. 非日常活动产生的、应计入当期损益的损失应列作(　　)。
A. 营业外支出　B. 财务费用　C. 销售费用　D. 其他业务成本
18. 反映利润分配情况的账户是(　　)。
A. 本年利润　B. 应付利润　C. 应交税费　D. 利润分配
19. 计算利润总额的正确公式是(　　)。
A. 营业收入 - 营业成本 - 销售费用 - 管理费用 - 财务费用
B. 营业利润 + 投资收益 + 营业外收入 - 营业外支出
C. 营业利润 + 营业外收入 - 营业外支出

D. 营业利润－销售费用－管理费用－财务费用

20. 销售费用账户贷方登记期末转入(　　)账户借方的数额。

A. 生产成本　B. 主营业务成本　C. 本年利润　D. 主营业务收入

二、多项选择题

1. 下列各项支出中,应计入外购材料成本的是(　　)。

A. 买价　B. 外购运杂费　C. 途中合理损耗　D. 采购人员工资

2. "生产成本"账户借方登记的是(　　)。

A. 直接材料　B. 直接人工

C. 制造费用　D. 已验收入库的产成品成本

3. 企业在进行材料发出业务核算时,可能涉及的账户有(　　)。

A."原材料"　B."生产成本"　C."制造费用"　D."管理费用"

4. 所有者权益就其组成内容来看,包括(　　)。

A. 投入资本　B. 投资收益

C. 资本公积　D. 盈余公积和未分配利润

5. 与"实收资本"账户贷方发生对应关系的账户可能有(　　)。

A. 银行存款　B. 固定资产　C. 应收账款　D. 无形资产

6. 下列属企业对当期实现净利润进行分配的内容是(　　)。

A. 计提所得税　B. 对投资者分配　C. 提取资本公积　D. 提取盈余公积

7. 按投资主体不同,企业的资本金可以分为(　　)。

A. 国家资本金　B. 法人资本金　C. 个人资本金　D. 外商资本金

8. 下列费用属于生产车间间接费用的有(　　)。

A. 为制造产品领用的材料　B. 车间修理设备领用的材料

C. 车间管理人员工资　D. 生产产品工人的工资

9. 工资分配核算时,可能涉及(　　)账户。

A."生产成本"　B."管理费用"　C."应付职工薪酬"　D."制造费用"

10. 通过"营业外支出"账户核算的内容有(　　)。

A. 固定资产盘亏　B. 罚款支出　C. 公益性捐赠　D. 非常损失

11. 下列账户中,应将其余额转入"本年利润"账户的是(　　)。

A. 管理费用　B. 财务费用　C. 制造费用　D. 所得税费用

12. 下列属于企业营业利润构成因素的有(　　)。

A. 营业收入　B. 营业成本　C. 期间费用　D. 所得税费用

13. "营业税金及附加"账户核算的内容有(　　)。

A. 营业税　B. 消费税　C. 增值税　D. 教育费附加

14. 制造费用的分配标准有(　　)。

A. 生产工时　B. 生产工人工资　C. 机器工时　D. 定额工时

15. 关于"本年利润"账户,表述正确的是(　　)。

A. 借方登记期末转入的各项成本费用　B. 贷方登记期末转入的各项收入收益

C. 贷方余额为本年实现的净利润　D. 借方余额为本年发生的亏损数

16. 下列费用中计入财务费用的有(　　)。

A. 短期借款利息　B. 财务人员工资

C. 财务部门办公费　D. 支付给金融机构的手续费

17. 以下账户中,期末一般有余额的是(　　)。

A. 生产成本　B. 制造费用　C. 管理费用　D. 利润分配

18. 企业的利润总额由(　　)构成。

A. 投资收益　B. 营业利润　C. 营业外支出　D. 营业外收入

19. 下列费用中计入管理费用的有(　　)。

A. 厂部人员工资　B. 差旅费　C. 广告费　D. 业务招待费

20. 通过"营业外收入"账户核算的内容有(　　)。

A. 捐赠利得　B. 出售固定资产的净收益

C. 无法支付的应付款项　D. 固定资产出租收入

三、判断题

1. 企业的期间费用应于期末采用一定的方法分配计入产品成本。(　　)
2. "累计折旧"账户属于资产类账户,其期末余额在借方。(　　)
3. 企业获利时,净资产增加,投资人权益就会增加。(　　)
4. 企业因销售材料而取得的收入应记入"其他业务收入"的借方。(　　)
5. 车间的办公用品费属于管理费用。(　　)
6. 企业向社会福利部门捐款,应冲减盈余公积。(　　)
7. 企业以银行存款支付职工医药费用,借记应付职工薪酬。(　　)
8. 企业设立后投资者投入的资本金可随时抽回。(　　)
9. 投资者投入资本超过其在注册资本中所占份额的部分,确认为企业的实收资本。(　　)
10. 通常情况下,一般纳税人当期应纳的增值税额,等于当期销项税额减当期进项税额。(　　)
11. 企业在产品占用资金的利息支出,应计入该产品的生产成本。(　　)
12. 损益类账户在期末结转后均无余额。(　　)
13. 收入的确认应以款项是否收到为标准。(　　)
14. 企业发生的银行结算手续费,应计入企业的财务费用。(　　)
15. 利得与损失是与企业日常活动直接关联的经济利益的总流入或总流出。(　　)
16. 年度终了,"利润分配"账户所属明细账中,只有"未分配利润"明细账可能有余额。(　　)
17. 固定资产因损耗而减少的价值应记入"固定资产"账户的贷方。(　　)
18. 材料采购成本由买价加采购费用组成,主营业务成本由产品生产成本加销售费用组成。(　　)
19. 盈余公积是从销售收入中提取的公积金。(　　)
20. 销售费用是企业在生产经营过程中发生的与销售活动有关的费用。(　　)

四、实训题

实训一

[目的]练习资金筹集与退出的核算。

[资料]某企业 2009 年 1 月发生如下经济业务:

1. 1 月 5 日,收到股东新增投资 200 000 元,其中全新固定资产 150 000 元,银行存款 50 000 元。

2. 1 月 10 日,收到联华公司材料一批作为投资,价款 170 000 元,增值税 28 900 元,材料已入库。

3. 1 月 12 日,以资本公积 50 000 元转增资本金。

4. 1 月 14 日,从银行借入期限为 6 个月的贷款 200 000 元,款项存入银行。

5. 1 月 15 日,以银行存款缴纳本月增值税 40 000 元,企业所得税 12 000 元。

6. 1 月 31 日，预提本月应负担的短期借款利息费用 1 300 元。

7. 1 月 31 日，以银行存款 300 000 元归还到期的长期借款。

[要求]根据上述经济业务编制会计分录。

实训二

[目的]练习供应过程的核算。

[资料]某企业 2009 年 8 月发生下列经济业务：

1. 8 月 1 日，向永昌工厂购入甲材料 4 000 千克，每千克 65 元，共计买价 260 000 元，运杂费 5 000 元，支付增值税 44 200 元。全部款项以银行存款支付，材料尚未入库。

2. 8 月 3 日，上述材料运到，验收入库。

3. 8 月 5 日，向红星工厂购入乙材料 1 000 千克，每千克 58 元，共计买价 58 000 元，运杂费 1 000 元，增值税 9 860 元，全部款项尚未支付，材料尚未到达。

4. 8 月 10 日，上述乙材料到达验收入库。

5. 8 月 11 日，以银行存款 68 860 元偿还前欠红星工厂款项。

6. 8 月 25 日，向南华工厂购入甲材料 1 000 千克，每千克 66 元，共计买价 66 000 元，增值税 11 220 元；乙材料 2 000 千克，每千克 58 元，共计买价 116 000 元，增值税 19 720 元。两种材料运杂费共计 1 500 元。材料已验收入库，全部款项以银行存款支付(运杂费按材料重量比例分配)。

[要求]根据上述经济业务编制会计分录。

实训三

[目的]练习生产过程的核算。

[资料]某企业 2009 年 8 月份投入生产 A 产品 2 000 件，B 产品 2 200 件。本月发生下列经济业务。

1. 8 月 5 日，以现金 500 元购买办公用品，其中行政部门领用 150 元，生产部门领用 350 元。

2. 8 月 25 日，工厂耗用材料如下表：

用　　途	甲材料	乙材料	丙材料	合　　计
生产产品耗用：	110 000	120 000	100 000	330 000
其中：A 产品	60 000	80 000	40 000	180 000
B 产品	50 000	40 000	60 000	150 000
车间耗用	5 000	9 000	6 000	20 000
厂部管理部门耗用	2 000	5 000	3 000	10 000
合　　计	117 000	134 000	109 000	360 000

3. 8 月 25 日，从银行提取现金 125 000 元，以备发放职工工资。

4. 8 月 25 日，以现金发放本月职工工资 125 000 元。

5. 根据工时和考勤记录计算的本月职工工资如下：

生产 A 产品的生产工人工资	75 000 元
生产 B 产品的生产工人工资	25 000 元
生产车间管理人员工资	9 500 元
行政部门管理人员工资	15 500 元
合计	125 000 元

6. 按应付工资总额的 14% 提取职工福利费。

7. 8 月 25 日,以银行存款支付下半年保险费 28 000 元。(行政部门 10 000 元,生产部门 18 000 元)

8. 从 2008 年 5 月 25 日起,以经营租赁方式租入车间用设备一台,每月租金 200 元,租期三个月,租期结束时支付。2008 年 8 月 25 日,公司以银行存款支付应付租金。

9. 计提本月固定资产折旧 25 000 元,其中生产车间 18 000 元,行政部门 7 000 元。

10. 按产品生产工人工资比例分配本月制造费用。

11. 投产的 A、B 产品全部完工,按实际生产成本验收入库(假设无期初在产品)。

[要求]1. 根据上述经济业务编制会计分录。

2. 编制制造费用分配表、登记生产成本明细账并编制产品生产成本计算表。

制造费用分配表

单位:元

产品名称	生产工人工资	分配率	分配金额
A 产品			
B 产品			
合　计			

生产成本明细分类账

账户名称:

年		凭证号数	摘　要	直接材料	直接人工	制造费用	合　计
月	日						
		略					

生产成本明细分类账

账户名称:

年		凭证号数	摘　要	直接材料	直接人工	制造费用	合　计
月	日						
		略					

A 产品生产成本计算表

完工产品数量： 单位：元

项　目	直接材料	直接人工	制造费用	合计
本月全部生产费用				
本月完工产品成本				
完工产品单位成本				

B 产品生产成本计算表

完工产品数量： 单位：元

项　目	直接材料	直接人工	制造费用	合　计
本月全部生产费用				
本月完工产品成本				
完工产品单位成本				

实训四

［目的］练习销售过程的核算。

［资料］某企业 2009 年 9 月发生下列经济业务：

1. 9 月 1 日，售给龙兴工厂乙产品 500 件，单价 1200 元，增值税率为 17%，价税款共计 702 000 元，收到支票一张并办妥入账手续。

2. 9 月 5 日，以银行存款支付广告费 15 000 元。

3. 9 月 10 日，向白华工厂销售甲产品 1 000 件，每件售价 800 元，增值税率为 17%，价税款尚未收到。此外，甲产品属于应交消费税的产品，其消费税率为 10%。

4. 9 月 15 日，收到白华工厂前欠货款 936 000 元，当即存入银行。

5. 9 月 20 日，以银行存款支付产品销售展览费 800 元。

6. 9 月 30 日，以银行存款缴纳本月增值税 98 486 元，缴纳消费税 80 000 元，共计 178 486 元。

7. 9 月 30 日，结转本月已销产品生产成本，甲产品每件 400 元，乙产品每件 500 元。

［要求］根据上述经济业务编制会计分录。

实训五

［目的］练习财务成果的核算。

［资料］某企业 2009 年 12 月份发生下列经济业务：

1. 12 月 5 日，因客户违反合同，企业通过索赔，取得了 35 000 元的赔偿款，款存银行。

2. 12 月 15 日，以银行存款向地震灾区捐款 3 000 元。

3. 12 月 31 日，结转损益类账户。

损益类账户余额表

账户名称	借方金额	贷方金额
主营业务收入		7 500 000
其他业务收入		120 000
营业外收入		35 000
主营业务成本	5 000 000	
营业税金及附加	90 000	
其他业务成本	100 000	
管理费用	300 000	
财务费用	200 000	
销售费用	150 000	
营业外支出	3 000	

4. 12 月 31 日,按利润总额的 25% 计算应交所得税
5. 12 月 31 日,将所得税转入"本年利润"账户。
6. 12 月 31 日,将净利润(或净亏损)转到"利润分配——未分配利润"账户。
7. 12 月 31 日,按净利润的 10% 计提法定盈余公积。
8. 12 月 31 日,按净利润的 20% 向投资者分配现金股利。
9. 12 月 31 日,将上述有关利润分配明细账户余额转入"利润分配——未分配利润"明细账户。

[要求]根据上述经济业务编制会计分录。

参考答案

一、单项选择题

1. B 2. A 3. A 4. A 5. D 6. C 7. D 8. D 9. A 10. B 11. B 12. A 13. D 14. B 15. C 16. B 17. A 18. D 19. C 20. C

二、多项选择题

1. ABC 2. ABC 3. ABCD 4. ACD 5. ABD 6. BD 7. ABCD 8. BC 9. ABCD 10. ABCD 11. ABD 12. ABC 13. ABD 14. ABCD 15. ABCD 16. AD 17. AD 18. BCD 19. ABD 20. ABC

三、判断题

1. × 2. × 3. √ 4. × 5. × 6. × 7. √ 8. × 9. × 10. √ 11. × 12. √ 13. × 14. √ 15. × 16. √ 17. × 18. × 19. × 20. √

四、实训题

实训一

1. 借:固定资产 150 000
　　银行存款 50 000
　　贷:实收资本 200 000
2. 借:原材料 170 000
　　应交税费——应交增值税(进项税额) 28 900
　　贷:实收资本 198 900
3. 借:资本公积 50 000
　　贷:实收资本 50 000

4. 借:银行存款	200 000	
贷:短期借款		200 000
5. 借:应交税费——应交增值税(已交税金)	40 000	
——应交所得税	12 000	
贷:银行存款		52 000
6. 借:财务费用	1 300	
贷:应付利息		1 300
7. 借:长期借款	300 000	
贷:银行存款		300 000

实训二

1. 借:在途物资——甲材料	265 000	
应交税费——应交增值税(进项税额)	44 200	
贷:银行存款		309 200
2. 借:原材料——甲材料	265 000	
贷:在途物资——甲材料		265 000
3. 借:在途物资——乙材料	59 000	
应交税费——应交增值税(进项税额)	9 860	
贷:应付账款——红星工厂		68 860
4. 借:原材料——乙材料	59 000	
贷:在途物资——乙材料		59 000
5. 借:应付账款——红星工厂	68 860	
贷:银行存款		68 860

6. 运杂费分配率 $= \dfrac{1\,500}{1\,000 + 2\,000} = 0.5$

甲材料应分摊运杂费:1 000 × 0.5 = 500(元),乙材料应分摊运杂费:2 000 × 0.5 = 1 000(元)

甲材料采购成本:66 000 + 500 = 66 500(元),乙材料采购成本:116 000 + 1 000 = 117 000(元)

借:原材料——甲材料	66 500	
——乙材料	117 000	
应交税费——应交增值税(进项税额)	30 940	
贷:银行存款		214 440

实训三

1. 借:管理费用	150	
制造费用	350	
贷:库存现金		500
2. 借:生产成本——A 产品	180 000	
——B 产品	150 000	
制造费用	20 000	
管理费用	10 000	
贷:原材料——甲材料		117 000
——乙材料		134 000
——丙材料		109 000

3. 借:库存现金　125 000
　贷:银行存款　125 000
4. 借:应付职工新酬——工资　125 000
　贷:库存现金　125 000
5. 借:生产成本——A 产品　75 000
　　　　　—— B 产品　25 000
　制造费用　9 500
　管理费用　15 500
　贷:应付职工薪酬——工资　125 000
6. A 产品生产工人工资应提福利费:75 000 × 14% = 10 500
B 产品生产工人工资应提福利费:25 000 × 14% = 3 500
车间管理人员工资应提福利费:9 500 × 14% = 1 330
行政部门管理人员工资应提福利费:15 500 × 14% = 2 170
借:生产成本——A 产品　10 500
　　　　　——B 产品　3 500
　制造费用　1 330
　管理费用　2 170
　贷:应付职工薪酬——福利费　17 500
7. 借:其他应收款——财产保险费　28 000
　贷:银行存款　28 000
8. 借:制造费用　200
　其他应付款——应付设备租金　400
　贷:银行存款　600
9. 借:制造费用　18 000
　管理费用　7 000
　贷:累计折旧　25 000
10. 本月制造费用总额:350 + 20 000 + 9 500 + 1 330 + 200 + 18 000 = 49 380

制造费用分配表

单位:元

产品名称	生产工人工资	分配率	分配金额
A 产品	75 000		37 035
B 产品	25 000		12 345
合　计	100 000	0.4938	49 380

借:生产成本——A 产品　37 035
　　　　　——B 产品　12 345
　贷:制造费用　49 380

生产成本明细分类账

账户名称:生产成本——A 产品

2008 年		凭证号数	摘　要	直接材料	直接人工	制造费用	合　计
月	日						
8	25	略	耗用材料	180 000			180 000
8	25		生产工人工资		75 000		75 000
8	25		计提福利费		10 500		10 500
8	30		分配制造费用			37 035	37 035
8	30		全部生产成本	180 000	85 500	37 035	302 535

生产成本明细分类账

账户名称:生产成本——B 产品

年		凭证号数	摘　要	直接材料	直接人工	制造费用	合　计
月	日						
8	25	略	耗用材料	150 000			150 000
8	25		生产工人工资		25 000		25 000
8	25		计提福利费		3 500		3 500
8	30		分配制造费用			12 345	12 345
8	30		全部生产成本	150 000	28 500	12 345	190 845

A 产品生产成本计算表

完工产品数量:2 000 件　　　　单位:元

项目	直接材料	直接人工	制造费用	合计
本月全部生产费用	180 000	85 500	37 035	302 535
本月完工产品成本	180 000	85 500	37 035	302 535
完工产品单位成本	90.00	42.75	18.52	151.27

B 产品生产成本计算表

完工产品数量:2200 件　　　　单位:元

项目	直接材料	直接人工	制造费用	合计
本月全部生产费用	150 000	28 500	12 345	190 845
本月完工产品成本	150 000	28 500	12 345	190 845
完工产品单位成本	68.18	12.95	5.62	86.75

借:库存商品——A 产品　　302 535
　　　　——B 产品　　190 845
　贷:生产成本——A 产品　　302 535
　　　　——B 产品　　190 845

实训四

1. 借:银行存款　　702 000

贷:主营业务收入——乙产品 600 000
应交税费——应交增值税(销项税额) 102 000

2. 借:销售费用——广告费 15 000
贷:银行存款 15 000

3. ① 借:应收账款——白华工厂 936 000
贷:主营业务收入——甲产品 800 000
应交税费——应交增值税(销项税额) 136 000
② 借:营业税金及附加 80 000
贷:应交税费——应交消费税 80 000

4. 借:银行存款 936 000
贷:应收账款——白华工厂 936 000

5. 借:销售费用——展览费 800
贷:银行存款 800

6. 借:应交税费——应交增值税(已交税金) 98 486
——应交消费税 80 000
贷:银行存款 178 486

7. 已销甲产品生产成本:1 000 × 400 = 400 000　　已销乙产品生产成本:500 × 500 = 250 000
借:主营业务成本——甲产品 400 000
——乙产品 250 000
贷:库存商品——甲产品 400 000
——乙产品 250 000

实训五

1. 借:银行存款 35 000
贷:营业外收入 35 000

2. 借:营业外支出 3 000
贷:银行存款 3 000

3. ①借:本年利润 5 843 000
贷:主营业务成本 5 000 000
营业税金及附加 90 000
其他业务成本 100 000
管理费用 300 000
财务费用 200 000
销售费用 150 000
营业外支出 3 000
②借:主营业务收入 7 500 000
其他业务收入 120 000
营业外收入 35 000
贷:本年利润 7 655 000
该企业 12 月份实现的利润总额为:7 655 000 - 5 843 000 = 1 812 000

4. 该企业 12 月份应交所得税为:1 812 000 × 25% = 453 000
借:所得税费用 453 000
贷:应交税费——应交所得税 453 000

5. 借:本年利润 453 000
   贷:所得税费用 453 000
6. 该企业 12 月份的净利润为:1 812 000 - 453 000 = 1 359 000
   借:本年利润 1 359 000
   贷:利润分配——未分配利润 1 359 000
7. 借:利润分配——提取法定盈余公积 135 900
   贷:盈余公积——法定盈余公积 135 900
8. 借:利润分配——应付现金股利 271 800
   贷:应付股利 271 800
9. 借:利润分配——未分配利润 407 700
   贷:利润分配——提取法定盈余公积 135 900
   ——应付现金股利 271 800

根据上述业务的核算,该企业 2009 年年终结算后“利润分配——未分配利润”账户余额为:1 359 000 - 407 700 = 951 300(元)(在不考虑 1 - 11 月份所实现利润的情况下,该企业本年度还有 951 300 元利润尚未分配)

▪第八章▪

财产清查

【学习目的】

通过本章的学习，要求学生了解财产清查的意义和一般程序，熟悉财产清查的种类，理解各类财产清查的具体方法、存货的两种盘存制度，掌握银行存款余额调节表的编制方法以及财产清查结果的账务处理。

【学习要点】

1. 财产清查是通过对单位的货币资金、实物资产和往来款项的盘点和核对，确定其实存数，查明账存数与实存数是否相符的一种专门方法。

2. 财产清查可按不同的标准进行分类。按清查范围可分为全面清查和局部清查；按清查时间可分为定期清查和不定期清查。

全面清查是指对全部财产物资、债权债务进行盘点核对；局部清查是指根据需要对一部分财产物资、债权债务进行盘点核对。

定期清查是根据管理制度的规定或预先计划安排的时间对财产物资、债权债务所进行的清查，一般是在年末、季末或月末结账时进行；不定期清查是指事先并无制度或计划规定的清查时间，而是根据实际需要所进行的临时清查。

3. 库存现金的清查采用实地盘点法；银行存款的清查采用银行存款日记账与银行对账单核对的方法；实物资产的清查采用实存数与账存数相互核对的方法，包括实地盘点法与技术推算法。

4. 未达账项是指企业与银行双方在凭证传递过程中，由于凭证接收时间的差异，导致双方记账时间不一致，从而发生一方已登记入账，而另一方尚未登记入账的事项。

重点：财产清查方法及会计处理

难点：财产清查结果的账务处理

实训练习

一、单项选择题

1. 企业在遭受自然灾害后，对其受损的财产物资进行的清查，属于(　　)。

A. 局部清查和定期清查　　B. 全面清查和定期清查

C. 局部清查和不定期清查　　D. 全面清查和不定期清查

2. 对库存现金的清查采用的方法是(　　)。

A. 实地盘点法　　B. 检查现金日记账　　C. 倒挤法　　D. 抽查库存现金

3. 对应收账款进行清查时，应采用的方法是(　)。

A. 与记账凭证核对　B. 函证法　C. 实地盘点法　D. 技术推算法

4. 通过财产清查才能确保(　　)。
A. 账证相符　B. 账账相符　C. 账表相符　D. 账实相符

5. 银行存款清查的方法是(　　)。
A. 定期盘存法　B. 和往来单位核对账目的方法
C. 实地盘存法　D. 与银行核对账目的方法。

6. 一般来说,单位撤销、合并或改变隶属关系时,要进行(　　)。
A. 全面清查　B. 局部清查　C. 技术推算　D. 实地盘点

7. 对实物资产的盘点结果编制并据以调整账面记录的原始凭证是(　　)。
A. 盘存单　B. 入库单　C. 实存账存对比表　D. 领料单

8. 在记账无误的情况下,造成银行存款日记账和银行对账单余额仍不一致的原因是(　　)。
A. 应收账款　B. 应付账款　C. 外埠存款　D. 未达账项

9. "待处理财产损益"账户未转销的贷方余额表示(　　)。
A. 尚待处理的盘盈数　B. 尚待处理的盘亏数和毁损数
C. 已处理的盘盈数　D. 已处理的盘亏数和毁损数

10. 月末存在未达账项时,企业实际可动用的银行存款数额是(　　)。
A. 企业银行存款日记账上的余额　B. 银行对账单上的存款余额
C. 企业银行存款总账上的余额　D. 银行存款余额调节表中调整后的存款余额

11. 对于大量成堆、难以逐一清点的财产物资,一般采用(　　)方法进行清查。
A. 实地盘点法　B. 技术推算法　C. 抽查检验法　D. 查询核对法

12. 对于自然损耗造成盘亏的存货,经批准后应借记的会计科目是(　　)。
A. 管理费用　B. 营业外支出　C. 其他应收款　D. 待处理财产损益

13. 对于自然灾害造成盘亏的存货,经批准后应借记的会计科目是(　　)。
A. 管理费用　B. 营业外支出　C. 其他应收款　D. 待处理财产损益

14. 核销存货的盘盈时,应贷记的会计科目是(　　)。
A. 管理费用　B. 营业外支出　C. 其他应收款　D. 待处理财产损益

15. 财产物资的收发有严格手续,且在账簿中连续记录有关业务内容的制度是(　　)。
A. 实地盘存制　B. 永续盘存制　C. 权责发生制　D. 收付实现制

二、多项选择题

1. 在财产清查的过程中,应编制并据以调整账面记录的原始凭证有(　　)。
A. 现金盘点报告单　B. 银行存款余额调节表
C. 实存账存对比表　D. 财产清查盈亏明细表

2. 下列项目中,属于不定期清查且是全面清查的有(　　)。
A. 单位合并、撤销以及改变隶属关系　B. 年终决算之前
C. 企业股份制改制前　D. 单位主要领导调离时

3. 造成账实不符的原因主要有(　　)。
A. 财产物资的自然损耗　B. 财产物资收发计量错误
C. 财产物资的毁损、被盗　D. 未达账项

4. 财产清查的内容包括(　　)。
A. 货币资金　B. 财产物资　C. 债权债务　D. 对外投资

5. 下列属于未达账项的是(　　)。
A. 银行已收款入账企业未收款入账　B. 企业未付款入账银行已付款入账

C. 企业未付款入账银行也未付款入账　　D. 银行已收款入账企业也收款入账

6. 盘亏的财产物资,经批准后进行会计处理,可能涉及的借方账户有(　　)。

A. 管理费用　B. 营业外支出　C. 其他应收款　D. 待处理财产损益

7. 按财产清查的时间划分,财产清查可分为(　　)。

A. 不定期清查　B. 全面清查　C. 定期清查　D. 局部清查

8. 财产物资的盘存制度有(　　)。

A. 实地盘存制　B. 永续盘存制　C. 权责发生制　D. 收付实现制

9. 实地盘点法一般适用于(　　)的清查。

A. 实物资产　B. 银行存款　C. 库存现金　D. 应收账款

10. 在编制"银行存款余额调节表"时,计算调节后的余额时应该用银行对账单的余额(　　)。

A. 加上企业已入账,银行未入账的收入数　　B. 加上银行已入账,企业未入账的收入数

C. 减去企业已入账,银行未入账的支出数　　D. 减去银行已入账,企业未入账的支出数

11. "待处理财产损益"账户的贷方登记(　　)。

A. 批准前待处理财产物资的盘盈数　　B. 批准前待处理财产物资的盘亏毁损数

C. 结转已批准处理的财产物资盘盈数　　D. 结转已批准处理的财产物资盘亏毁损数

12. 定期清查的时间一般指在(　　)时进行的清查。

A. 月末　B. 季末　C. 年末　D. 单位合并时

13. 仓库保管员临时调离工作岗位所进行的清查属于(　　)。

A. 定期清查　B. 不定期清查　C. 局部清查　D. 全面清查

14. 不定期清查适用的情况有(　　)。

A. 更换现金和财产物资的保管人员时　　B. 发生意外灾害和损失时

C. 单位主要领导人调离时　　D. 清产核资时

15. 适用实地盘点法进行清查的财产物资有(　　)。

A. 机器设备　B. 库存现金　C. 银行存款　D. 原材料

三、判断题

1. 企业的各种贵重物资必须每天进行盘点。(　　)

2. 局部清查也称重点清查,只对库存现金、银行存款、往来账项进行清查。(　　)

3. 永续盘存制是利用盘点资料,确定财产物资实有数,然后倒挤本期减少数额。(　　)

4. "库存现金查点报告表"由清查小组的盘点员签章后即可生效。(　　)

5. 无法收回的账款,需通过"待处理财产损益"科目核算后,冲减坏账准备。(　　)

6. "实存账存对比表"应该由盘点人和实物保管人共同签字。(　　)

7. 银行存款日记账余额与银行对账单余额不相等,肯定都是由未达账项造成的。(　　)

8. 实地盘存制下不需要对财产物资进行财产清查。(　　)

9. 企业的定期清查一般在期末进行,可以是全面清查,也可以是局部清查。(　　)

10. 企业应根据银行存款余额调节表调整银行存款日记账余额,以真实反映银行存款余额。(　　)

四、实训题

实训一

[目的]练习"银行存款余额调节表"的编制。

[资料]某企业 2009 年 5 月 30 日银行存款日记账余额为 329 200 元,银行对账单余额为 328 400 元。经逐笔核对,发现有下列几笔未达账项。

1. 企业偿还 A 公司货款 3 200 元已登记入账,但银行尚未登记入账。

2. 企业收到销售商品款 35 000 元已登记入账，但银行尚未登记入账。
3. 银行已划转电费 5 000 元登记入账，但企业尚未收到付款通知未登记入账。
4. 银行已收外地汇入货款 36 000 元登记入账，但企业尚未收到收款通知未登记入账。

[要求]编制银行存款余额调节表。

银行存款余额调节表

年　　月　　日　　　　单位：元

项目	金额	项目	金额
银行存款日记账余额		银行对账单余额	
加：		加：	
减：		减：	
调节后余额		调节后余额	

实训二

[目的]练习银行存款的对账方法。

[资料一]某企业 2009 年 9 月 25 ~ 30 日银行存款日记账账面记录如下：

1. 25 日，开出 1678#转账支票，支付购入材料款 30 000 元。
2. 25 日，开出 1679#转账支票，支付机器设备修理费 400 元。
3. 27 日，存入销货款（转账支票）40 000 元。
4. 27 日，开出现金支票 1435#，提取现金 20 000 元。
5. 30 日，开出转账支票 1680#，支付外单位加工费 14 200 元。
6. 30 日，存入销货款（转账支票）29 400 元。
7. 30 日，银行存款日记账账面余额为 45 848 元。

[资料二]该企业 2009 年 9 月 25 ~ 30 日银行对账单记录如下：

1. 25 日，1678#支票付出，金额 30 000 元。
2. 27 日，销货收入入账，金额 40 000 元。
3. 27 日，支票 1435#付出，金额 20 000 元。
4. 28 日，代企业支付电费，金额 490 元。
5. 29 日，代收销货款入账，金额 17 800 元。
6. 30 日，转账支票 1680#付出，金额 14 200 元。
7. 30 日，银行结存余额为 34 158 元。

[要求]核对双方账目，查明银行存款日记账与银行对账单不符的原因，编制银行存款余额调节表。

银行存款余额调节表

年　　月　　日　　　　单位：元

项目	金额	项目	金额
银行存款日记账余额		银行对账单余额	
加：		加：	
减：		减：	
调节后余额		调节后余额	

实训三

[目的]练习永续盘存制下发出存货成本及期末结存存货成本的计算。

[资料]某企业存货采用永续盘存制,2009 年 10 月甲材料明细账如下:

原材料明细账

材料名称:甲材料　　　　金额单位:元　　　　计量单位:件

2009 年		摘要	收入			支出			结存		
月	日		数量	单价	金额	数量	单价	金额	数量	单价	金额
10	1	上期结存							500	10	5 000
	6	领用				200					
	8	购入	300	12	3 600						
	15	领用				300	10				
	26	购入	400	15	6 000						
	29	领用				600					
	31	合计	700		9 600	1 100					

[要求]分别用先进先出法和加权平均法,计算发出存货成本、期末结存存货成本。

实训四

[目的]练习财产清查结果的会计处理。

[资料]某企业在年终财产清查中发现下列事项:

1. 盘亏机器一台,原值 12 000 元,已提折旧 6 000 元。属于意外灾害造成,作非常损失处理。
2. 甲产品盘亏 2 000 元。700 元为定额内损耗,800 元由保管员赔偿,500 元为非常损失。
3. 乙产品盘盈 700 元。为日常收发计量差错。

上述各项盘盈盘亏,经查情况属实,报请领导审核批准,按规定进行处理。

[要求]根据上述事项作出批准前和批准后的相关账务处理。

参考答案

一、单项选择题

1. C　2. A　3. B　4. D　5. D　6. A　7. C　8. D　9. A　10. D　11. B　12. A　13. B　14. A　15. B

二、多项选择题

1. AC　2. ACD　3. ABCD　4. ABC　5. AB　6. ABC　7. AC　8. AB　9. AC　10. AC　11. AD
12. ABC　13. BC　14. ABC　15. ABD

三、判断题

1. ×　2. ×　3. ×　4. ×　5. ×　6. √　7. ×　8. ×　9. √　10. ×

四、实训题

实训一

银行存款余额调节表

2009 年 5 月 30 日　　　　单位:元

项　　目	金　　额	项　　目	金　　额
银行存款日记账余额	329 200	银行对账单余额	328 400
加:银行已收、企业未收	36 000	加:企业已收、银行未收	35 000
减:银行已付、企业未付	5 000	减:企业已付、银行未付	3 200
调节后余额	360 200	调节后余额	360 200

实训二

未达账项:

1. 25 日,企业开出 1679#转账支票,支付机器设备修理费 400 元,银行未入账。
2. 30 日,企业存入销货款转账支票 29 400 元,银行未入账。
3. 28 日,银行代企业支付电费 490 元,企业未入账。
4. 29 日,银行代企业收销货款 17 800 元,企业未入账。

银行存款余额调节表

2009 年 9 月 30 日　　　　单位:元

项目	金额	项目	金额
银行存款日记账余额	45 848	银行对账单余额	34 158
加:银行已收、企业未收	17 800	加:企业已收、银行未收	29 400
减:银行已付、企业未付	490	减:企业已付、银行未付	400
调节后余额	63 158	调节后余额	63 158

实训三

先进先出法:

发出存货成本 = 200 × 10 + 300 × 10 + 300 × 12 + 300 × 15 = 2 000 + 3 000 + 3 600 + 4 500 = 13 100

结存存货成本 = 100 × 15 = 1 500(元)

加权平均法:

加权平均单位成本 = (5 000 + 3 600 + 6 000)/500 + 300 + 400 = 12.17(元/件)

发出存货成本 = 1 100 × 12.17 = 13 387(元)

结存存货成本 = 5 000 + 9 600 − 13 387　= 1 213(元)

实训四

1. 批准前:

借:待处理财产损益　　6 000
　　累计折旧　　6 000
　　贷:固定资产　　12 000

批准后:

借:营业外支出　　6 000
　　贷:待处理财产损益　　6 000

2. 批准前:

借:待处理财产损益　　2 000

批准后:

借:营业外支出　　500

贷:库存商品 2 000

管理费用 700
其他应收款 800
贷:待处理财产损益 2 000

3. 批准前:
借:库存商品 700
贷:待处理财产损益 700

批准后:
借:待处理财产损益 700
贷:管理费用 700

第九章

财务会计报告

【学习目的】

通过本章的学习，要求学生了解财务会计报告的意义、构成、种类及编制要求，认识现金流量表和所有者权益变动表的结构和内容，熟悉资产负债表、利润表的结构并掌握其编制方法。

【学习要点】

1. 财务会计报告是企业对外提供的反映企业财务状况、经营成果和现金流量等会计信息的书面文件。包括会计报表及其附注和其他应当在财务会计报告中披露的相关信息和资料。

2. 会计报表是综合反映企业财务状况、经营成果和现金流量的书面文件，是财务会计报告的主要组成部分，是企业对外传递会计信息的主要途径。会计报表应当包括资产负债表、利润表、现金流量表及所有者权益变动表等。

3. 会计报表可以按不同的标准进行分类。按反映资金运动状态的不同可分为动态报表和静态报表；按编报时间的不同可分为月报、季报、半年报和年报；按报送对象的不同可分为内部报表和外部报表；按编制主体的不同可分为单位报表、合并报表和汇总报表。

4. 资产负债表是反映企业在某一特定日期财务状况的会计报表，属静态报表。是根据"资产 = 负债 + 所有者权益"这一会计等式，按一定的分类标准和一定的顺序，把企业某一特定日期的资产、负债和所有者权益各项目进行适当排列，并对日常会计核算资料中所形成的大量数据进行分类整理后编制而成的。

5. 利润表是反映企业在一定会计期间内经营成果的会计报表，属动态报表。企业在一定会计期间的经营成果表现为赢利或亏损，因些，利润表又称损益表。它以"收入 - 费用 = 利润"这一会计等式为理论基础编制，主要根据损益类科目的发生额分析填列。

6. 现金流量表是反映企业在一定会计期间现金和现金等价物流入和流出的会计报表。它是以现金为基础编制的财务状况变动表。现金流量包括经营活动现金流量、投资活动现金流量、筹资活动现金流量。

7. 所有者权益变动表是反映构成企业所有者权益的各组成部分当期增减变动情况的报表。

重点：财务报告的构成、资产负债表、利润表的结构及编制

难点：资产负债表的编制

实训练习

一、单项选择题

1. 反映企业在某一特定日期(月末、季末、年末)财务状况的报表,称为(　　)。
A. 利润表　B. 现金流量表　C. 利润分配表　D. 资产负债表
2. 资产负债表中资产项目按(　　)排列。
A. 重要性　B. 流动性　C. 时间性　D. 收益性
3. 在资产负债表项目中,可以直接根据总账账户余额填列的是(　　)。
A. 短期借款　B. 应收账款　C. 货币资金　D. 长期借款
4. 下列属于资产负债表中非流动资产项目的是(　　)。
A. 应收利息　B. 固定资产　C. 存货　D. 其他应收款
5. 利润表中的全部指标均依据损益类账户的(　　)填列。
A. 期末余额　B. 发生额　C. 期末余额或发生额　D. 期初余额
6. "预收账款"账户所属明细分类账户如有借方余额,应在(　　)项目中反映。
A. 应付账款　B. 预收账款　C. 应收账款　D. 预付账款
7. 我国企业的资产负债表采用(　　)结构。
A. 账户式　B. 报告式　C. 单步式　D. 多步式
8. 我国企业利润表的格式为(　　)。
A. 账户式　B. 报告式　C. 单步式　D. 多步式
9. 反映企业在一定会计期间现金和现金等价物流入和流出的会计报表是(　　)。
A. 资产负债表　B. 利润表　C. 现金流量表　D. 所有者权益变动表
10. 资产负债表中的"未分配利润"项目,应根据(　　)填列。
A. "利润分配"账户余额　B. "本年利润"账户余额
C. "应付股利"账户余额　D. "本年利润"和"利润分配"账户余额计算

二、多项选择题

1. 按月编制的财务报表称为月度报表,下列报表中属于月度报表的是(　　)。
A. 利润表　B. 现金流量表　C. 所有者权益变动表　D. 资产负债表
2. 资产负债表中的"货币资金"项目,应根据(　　)账户期末余额的合计数填列。
A. 库存现金　B. 银行存款　C. 资本公积　D. 其他货币资金
3. 财务报告的使用者包括(　　)等。
A. 投资人　B. 债权人　C. 社会公众　D. 政府及有关部门
4. 下列属于利润表中"营业税金及附加"项目的有(　　)。
A. 增值税　B. 营业税　C. 资源税　D. 城市维护建设税
5. 资产负债表中,流动负债包括(　　)。
A. 短期借款　B. 预收账款　C. 应收账款　D. 应付股利
6. 下列项目中,应在资产负债表"存货"项目中反映的是(　　)。
A. 工程物资　B. 原材料　C. 生产成本　D. 库存商品
7. 根据企业业务活动的性质和现金流量的来源,现金流量分为(　　)。
A. 经营活动现金流量　B. 销售活动现金流量
C. 筹资活动现金流量　D. 投资活动现金流量
8. 下列资产负债表项目中可根据其总分类账户期末余额直接填列的是(　　)。
A. 交易性金融资产　B. 存货　C. 应付职工薪酬　D. 应付票据

9. 财务会计报告的编制要求包括(　　)。
A. 真实可靠　B. 相关可比　C. 全面完整　D. 编报及时

10. 在营业利润的基础上,加或减(　　)得出利润总额。
A. 其他业务收入　B. 其他业务成本　C. 营业外收入　D. 营业外支出

三、判断题

1. 资产负债表是反映企业在某一特定时期财务状况的报表。因此,它是一个动态报表。(　　)
2. 在一年内到期的长期负债应属于流动负债项目。(　　)
3. 中期财务报表是以短于一个完整会计年度的报告期间为基础编制的财务报表。(　　)
4. 所得税的多少直接影响营业利润计算结果。(　　)
5. 我国企业编制资产负债表时可采用账户式,也可采用报告式。(　　)
6. 资产负债表根据有关账户的期末余额填列,利润表根据有关账户的发生额填列。(　　)
7. 现金流量表中的"现金"就是库存现金。(　　)
8. 企业的财务会计报告指的就是企业会计报表。(　　)
9. 为保证财务会计报告编制的及时性,企业可以适当提前结账。(　　)
10. 在编制财务报告时,相关项目可以相互抵消。(　　)

四. 实训题

实训一

[目的]练习资产负债表的编制。

[资料]某企业 2009 年 8 月 31 日有关账户余额如下:

账户	借方金额	账户	贷方余额
库存现金	750	短期借款	78 000
银行存款	74 560	应付账款	37 550
交易性金融资产	12 400	其他应付款	4 288
应收账款	32 100	应付职工薪酬	27 690
其他应收款	500	应交税费	8 804
原材料	176 770	应付股利	12 300
生产成本	30 500	应付利息	1 700
库存商品	17 570	长期借款	50 000
长期股权投资	60 000	累计折旧	181 700
固定资产	500 000	实收资本	491 700
无形资产	17 000	盈余公积	25 000
利润分配	32 900	本年利润	36 318
合　计	955 050	合　计	955 050

"应收账款"明细账户余额:A 厂为 45 000 元(借方),B 厂为 12 900 元(贷方)。

"应付账款"明细账户余额:C 厂为 49 350 元(贷方),D 厂为 11 800 元(借方)。

[要求]根据上述资料编制 2009 年 8 月月末资产负债表。

资产负债表(简表)

会企 01 表

编制单位:略　　　　年　　月　　日　　　　单位:元

资产	年初余额	期末余额	负债和股东权益	年初余额	期末余额
流动资产:	(略)		流动负债:	(略)	
货币资金			短期借款		
交易性金融资产			应付账款		
应收账款			预收账款		
预付账款			应付职工薪酬		
应收利息			应交税费		
应收股利			应付利息		
其他应收款			应付股利		
存　货			其他应付款		
流动资产合计			流动负债合计		
非流动资产:			非流动负债:		
长期应收款			长期借款		
长期股权投资			应付债券		
投资性房地产			递延所得税负债		
固定资产			非流动负债合计		
在建工程			负债合计		
工程物资			股东权益:		
无形资产			实收资本或股本		
研发支出			资本公积		
递延所得税资产			盈余公积		
其他非流动资产			未分配利润		
非流动资产合计			股东权益合计		
资产总计			权益总计		

实训二

[目的]练习利润表的编制。

[资料]某企业 2009 年 8 月 31 日结账前损益类各账户余额如下:

账　户	借方余额	账　户	贷方余额
主营业务成本	5 000 000	主营业务收入	7 500 000
营业税金及附加	90 000	其他业务收入	120 000
其他业务成本	100 000	营业外收入	35 000
销售费用	150 000		
管理费用	300 000		
财务费用	200 000		
营业外支出	3 000		

[要求]根据上述资料编制2009年8月份的利润表(按利润总额的25%计算所得税)。

利 润 表(简表)

会企02表

编制单位:略 年 月 日 单位:元

项 目	本期金额	上期金额(略)
一、营业收入		
减:营业成本		
营业税金及附加		
销售费用		
管理费用		
财务费用		
资产减值损失		
加:公允价值变动收益(损失以"-"填列)		
投资收益(损失以"-"填列)		
二、营业利润(损失以"-"填列)		
加:营业外收入		
减:营业外支出		
其中:非流动资产处置损失		
三、利润总额(亏损总额以"-"填列)		
减:所得税费用		
四、净利润(净亏损以"-"填列)		

参考答案

一、单项选择题

1. D 2. B 3. A 4. B 5. B 6. C 7. A 8. D 9. C 10. D

二、多项选择题

1. AD 2. ABD 3. ABCD 4. BCD 5. ABD 6. BCD 7. ACD 8. ACD 9. ABCD 10. CD.

三、判断题

1. × 2. √ 3. √ 4. × 5. × 6. √ 7. × 8. × 9. × 10. √

四、实训题

实训一

资产负债表(简表)

会企 01 表

编制单位:略　　2009 年 8 月 31 日　　单位:元

资产	年初余额	期末余额	负债和股东权益	年初余额	期末余额
流动资产:	(略)		流动负债:	(略)	
货币资金		75 310	短期借款		78 000
交易性金融资产		12 400	应付账款		49 350
应收账款		45 000	预收账款		12 900
预付账款		11 800	应付职工薪酬		27 690
应收利息			应交税费		8 804
应收股利			应付利息		1 700
其他应收款		500	应付股利		12 300
存 货		224 840	其他应付款		4 288
流动资产合计		369 850	流动负债合计		195 032
非流动资产:			非流动负债:		
长期应收款			长期借款		50 000
长期股权投资		60 000	应付债券		
投资性房地产			递延所得税负债		
固定资产		318 300	非流动负债合计		50 000
在建工程			负债合计		245 032
工程物资			股东权益:		
无形资产		17 000	实收资本或股本		491 700
研发支出			资本公积		
递延所得税资产			盈余公积		25 000
其他非流动资产			未分配利润		3 418
非流动资产合计		395 300	股东权益合计		520 118
资产总计		765 150	权益总计		765 150

实训二

利　润　表(简表)

会企 02 表

编制单位:略　　　　2009 年 8 月　　　　单位:元

项　　目	本期金额	上期金额(略)
一、营业收入	7 620 000	
减:营业成本	5 100 000	
营业税金及附加	90 000	
销售费用	150 000	
管理费用	300 000	
财务费用	200 000	
资产减值损失		
加:公允价值变动收益(损失以"-"填列)		
投资收益(损失以"-"填列)		
二、营业利润(损失以"-"填列)	1 780 000	
加:营业外收入	35 000	
减:营业外支出	3 000	
其中:非流动资产处置损失		
三、利润总额(亏损总额以"-"填列)	1 812 000	
减:所得税费用	453 000	
四、净利润(净亏损以"-"填列)	1 359 000	

第十章

账务处理程序

【学习目的】

通过本章的学习，要求学生了解建立账务处理程序的意义和基本要求，理解账务处理程序的概念和种类，熟悉各种账务处理程序的内容、特点、优缺点和适用范围，掌握账务处理的基本程序和方法。

【学习要点】

1. 账务处理程序也称会计核算形式或会计核算程序，是以账簿体系为核心，把会计凭证、会计账簿、财务会计报告以及记账程序和方法有机结合的技术方式。

2. 不同的会计凭证组织、会计账簿、记账程序和方法相互结合在一起，构成了不同的账务处理程序。我国一般采用的账务处理程序主要有记账凭证账务处理程序、汇总记账凭证账务处理程序和科目汇总表账务处理程序。

3. 记账凭证账务处理程序是指直接根据记账凭证逐笔登记总分类账的一种账务处理程序；汇总记账凭证账务处理程序是指定期根据记账凭证按会计科目的对应关系编制汇总记账凭证，然后根据汇总记账凭证登记总分类账的一种账务处理程序；科目汇总表账务处理程序又称记账凭证汇总表账务处理程序，是根据记账凭证定期编制科目汇总表，并据以登记总分类账的一种账务处理程序。

4. 各种账务处理程序的最主要区别在于登记总分类账的依据和方法不同。

重点：记账凭证账务处理程序、科目汇总表账务处理程序

难点：科目汇总表的编制、汇总记账凭证的编制

实训练习

一、单项选择题

1. 在下列核算程序中，被称为最基本会计核算程序的是(　　)。

A. 记账凭证核算程序　　B. 汇总记账凭证核算程序

C. 科目汇总表核算程序　　D. 日记总账核算程序

2. 汇总付款凭证是按(　　)。

A. 收款凭证上的借方科目定期汇总　　B. 收款凭证上的贷方科目定期汇总

C. 付款凭证上的借方科目定期汇总　　D. 付款凭证上的贷方科目定期汇总

3. 汇总记账凭证核算程序的特点是(　　)。

A. 根据各种汇总记账凭证登记明细分类账　　B. 根据各种记账凭证登记总分类账

C. 根据各种汇总记账凭证登记日记账　　D. 根据各种汇总记账凭证登记总分类账

4. 记账凭证账务处理程序适用于(　　)。
A. 规模小且业务量较少的经济单位　B. 经济业务较多的单位
C. 经济业务量较复杂的单位　D. 规模大、经济业务较多的单位
5. 在记账凭证账务处理程序下,日记账和总分类账应采用(　　)。
A. 多栏式　B. 三栏式　C. 活页式　D. 数量金额式
6. 记账凭证核算程序下登记总分类账的根据是(　　)。
A. 记账凭证　B. 汇总记账凭证　C. 科目汇总表　D. 原始凭证
7. 科目汇总表核算程序的特点是(　　)。
A. 根据各种记账凭证登记总分类账　B. 根据科目汇总表登记总分类账
C. 根据汇总记账凭证登记总分类账　D. 根据科目汇总表登记明细分类账
8. 科目汇总表的基本编制方法是(　　)。
A. 按照不同会计科目进行归类定期汇总　B. 按照相同会计科目进行归类定期汇总
C. 按照借方会计科目进行归类定期汇总　D. 按照贷方会计科目进行归类定期汇总
9. 各种账务处理程序之间的主要区别是(　　)。
A. 总账的格式不同　B. 会计凭证的种类不同
C. 登记总账的依据不同　D. 编制会计报表的依据不同
10. 汇总记账凭证应按(　　)定期汇总编制。
A. 账户对应关系　B. 每十天　C. 每月　D. 会计凭证
11. 科目汇总表与汇总记账凭证都属于(　　)。
A. 原始凭证　B. 汇总原始凭证　C. 记账凭证　D. 汇总记账凭证
12. 科目汇总表的缺点是不能反映(　　)。
A. 借方发生额　B. 贷方发生额　C. 账户对应关系　D. 借贷方发生额
13. 在各种账务处理程序中,相同的是(　　)。
A. 登记总账的依据　B. 登记明细账的依据
C. 账务处理程序　D. 优缺点和适用范围
14. 编制科目汇总表的直接依据是(　　)。
A. 原始凭证　B. 原始凭证汇总表　C. 记账凭证　D. 汇总记账凭证

二、多项选择题

1. 记账凭证账务处理程序需要设置的凭证有(　　)。
A. 收款凭证　B. 科目汇总表　C. 付款凭证　D. 转账凭证
2. 以记账凭证为依据,按有关科目的贷方设置,按借方科目归类汇总的是(　　)。
A. 汇总收款凭证　B. 汇总付款凭证　C. 汇总转账凭证　D. 科目汇总表
3. 科目汇总表能够(　　)。
A. 作为登记总账的依据　B. 起到试算平衡的作用
C. 反映各账户之间的对应关系　D. 减少登记总账的工作量
4. 科目汇总表账务处理程序可以设置(　　)。
A. 三栏式总账　B. 数量金额式明细账　C. 多栏式明细账　D. 通用记账凭证
5. 企业登记总账的依据可以有(　　)。
A. 记账凭证　B. 科目汇总表　C. 汇总记账凭证　D. 多栏式日记账
6. 记账凭证账务处理程序下,登记总账的依据是(　　)。
A. 付款凭证　B. 转账凭证　C. 收款凭证　D. 记账凭证汇总表
7. 在汇总记账凭证账务处理程序下,登记总分类账的依据是(　　)。

A. 汇总收款凭证 B. 汇总付款凭证 C. 汇总转账凭证 D. 汇总原始凭证

8. 记账凭证核算程序的优点有( )。
A. 记账凭证能够清晰地反映账户之间的对应关系
B. 总账能够详细地反映经济业务的发生情况
C. 总账登记方法易于掌握
D. 可以减轻总账登记的工作量

9. 各种不同账务处理程序的相同点有( )。
A. 根据原始凭证或原始凭证汇总表编制记账凭证
B. 根据记账凭证逐笔登记总账
C. 根据总账或明细账编制会计报表
D. 根据记账凭证或原始凭证登记明细账

10. 记账凭证账务处理程序一般适用于( )的企业和单位。
A. 规模小 B. 规模大 C. 经济业务较少 D. 经济业务较多

三、判断题

1. 各种账务处理程序的主要区别是登记总账的依据和方法不同。( )
2. 记账凭证账务处理程序是最基本的会计核算程序。( )
3. 科目汇总表不仅可以起到试算平衡的作用,而且可以反映账户之间的对应关系。( )
4. 汇总记账凭证不仅能体现账户之间的对应关系,而且还能起到试算平衡的作用。( )
5. 科目汇总表核算程序以科目汇总表为依据,直接登记总账和明细账。( )
6. 各种账务处理程序中的明细账和日记账都是直接根据记账凭证登记的。( )
7. 各种账务处理程序中的日记账登记依据都是相同的。( )
8. 日记总账是一种兼具序时账簿和分类账簿两种功能的联合账簿。( )
9. 科目汇总表是编制会计报表的主要依据。( )
10. 填制记账凭证是各种核算程序所共有的财务处理步骤。( )

四、实训题

实训一

[目的]练习记账凭证账务处理程序。

[资料]某企业 2009 年 8 月初“库存现金”账户余额为 10 000 元,“银行存款”账户余额为 455 700 元,“应交税费”账户余额为 22 200 元。

该企业 8 月份发生下列经济业务:(存货按实际成本核算)

1. 8 月 2 日,购入甲材料一批,价款 30 000 元,增值税率 17%,材料未入库,款未付。
2. 8 月 3 日,上述甲材料运达企业验收入库,以库存现金支付运杂费 230 元。
3. 8 月 5 日,以银行存款支付上月应交增值税 8 600 元。
4. 8 月 8 日,向银行借入款项 50 000 元存入企业存款户,期限 3 个月。
5. 8 月 10 日,收到前欠货款 36 000 元存入银行。
6. 8 月 12 日,以转账支票购入办公用品 500 元,当即交付生产车间使用。
7. 8 月 13 日,生产产品领用甲材料 20 000 元。
8. 8 月 14 日,以银行存款购入乙材料一批,价款 50 000 元,增值税率 17%,材料未入库。
9. 8 月 15 日,销售产品一批,售价 25 000 元,增值税率 17%,款项收妥存入银行。
10. 8 月 15 日,开出现金支票一张,提取现金 2 000 元备用。
11. 8 月 16 日,以银行存款 800 元购买管理部门办公用品。
12. 8 月 17 日,以库存现金支付产品销售费用 180 元。

13. 8 月 18 日，销售产品一批，售价 6 000 元，增值税率为 17%，款暂未收到。

14. 8 月 18 日，以银行存款支付产品广告宣传费 5 000 元。

15. 8 月 19 日，以银行存款支付车间机器修理费 450 元。

16. 8 月 20 日，管理人员王红出差归来，报销差旅费 560 元，原借 500 元，以现金补付 60 元。

17. 8 月 25 日，从银行提取现金 100 000 元，备发工资。

18. 8 月 25 日，以现金发放职工工资 100 000 元。

19. 8 月 26 日，以银行存款支付本月水电费 2 000 元（生产车间 1 680 元，企业管理部门 320 元）。

20. 8 月 31 日，计提本月车间用固定资产折旧 2 000 元，企业管理部门用固定资产折旧 500 元。

21. 8 月 31 日，结转本月制造费用。

22. 8 月 31 日，本月生产的产品全部完工，结转完工产品生产成本。（假设无期初在产品）

23. 8 月 31 日，结转本月已销产品成本 28 000 元。

24. 8 月 31 日，结转损益类账户，计算本月利润。如果赢利，按利润额的 25% 计算并结转所得税。

［要求］根据上述经济业务填制通用记账凭证，并根据记账凭证登记“库存现金”、“银行存款”、“在途物资”、“应交税费”、“管理费用”五个账户的总账。

记账凭证

年　月　日　　总号____　分号____

摘　要	总账科目	明细科目	借方金额										贷方金额										记账
			千	百	十	万	千	百	十	元	角	分	千	百	十	万	千	百	十	元	角	分	
合 计 金 额																							

附件　张

财务主管　　记账　　出纳　　复核　　制单

记账凭证

年　月　日　　总号____　分号____

摘　要	总账科目	明细科目	借方金额										贷方金额										记账
			千	百	十	万	千	百	十	元	角	分	千	百	十	万	千	百	十	元	角	分	
合 计 金 额																							

附件　张

财务主管　　记账　　出纳　　复核　　制单

记账凭证

年 月 日

总号____
分号____

摘要	总账科目	明细科目	借方金额										贷方金额										记账
			千	百	十	万	千	百	十	元	角	分	千	百	十	万	千	百	十	元	角	分	
合计金额																							

附件 张

财务主管 记账 出纳 复核 制单

记账凭证

年 月 日

总号____
分号____

摘要	总账科目	明细科目	借方金额										贷方金额										记账
			千	百	十	万	千	百	十	元	角	分	千	百	十	万	千	百	十	元	角	分	
合计金额																							

附件 张

财务主管 记账 出纳 复核 制单

记账凭证

年 月 日

总号____
分号____

摘要	总账科目	明细科目	借方金额										贷方金额										记账
			千	百	十	万	千	百	十	元	角	分	千	百	十	万	千	百	十	元	角	分	
合计金额																							

附件 张

财务主管 记账 出纳 复核 制单

记账凭证

总号____
年 月 日
分号____

摘要	总账科目	明细科目	借方金额										贷方金额										记账
			千	百	十	万	千	百	十	元	角	分	千	百	十	万	千	百	十	元	角	分	
合计金额																							

附件 张

财务主管 记账 出纳 复核 制单

记账凭证

总号____
年 月 日
分号____

摘要	总账科目	明细科目	借方金额										贷方金额										记账
			千	百	十	万	千	百	十	元	角	分	千	百	十	万	千	百	十	元	角	分	
合计金额																							

附件 张

财务主管 记账 出纳 复核 制单

记账凭证

总号____
年 月 日
分号____

摘要	总账科目	明细科目	借方金额										贷方金额										记账
			千	百	十	万	千	百	十	元	角	分	千	百	十	万	千	百	十	元	角	分	
合计金额																							

附件 张

财务主管 记账 出纳 复核 制单

记账凭证

年　月　日　　总号____　分号____

摘要	总账科目	明细科目	借方金额										贷方金额										记账
			千	百	十	万	千	百	十	元	角	分	千	百	十	万	千	百	十	元	角	分	
合计金额																							

附件　张

财务主管　　记账　　出纳　　复核　　制单

记账凭证

年　月　日　　总号____　分号____

摘要	总账科目	明细科目	借方金额										贷方金额										记账
			千	百	十	万	千	百	十	元	角	分	千	百	十	万	千	百	十	元	角	分	
合计金额																							

附件　张

财务主管　　记账　　出纳　　复核　　制单

记账凭证

年　月　日　　总号____　分号____

摘要	总账科目	明细科目	借方金额										贷方金额										记账
			千	百	十	万	千	百	十	元	角	分	千	百	十	万	千	百	十	元	角	分	
合计金额																							

附件　张

财务主管　　记账　　出纳　　复核　　制单

记账凭证

总号____

年　月　日

分号____

摘　要	总账科目	明细科目	借方金额										贷方金额										记账
			千	百	十	万	千	百	十	元	角	分	千	百	十	万	千	百	十	元	角	分	
合　计　金　额																							

附件　　张

财务主管　　记账　　出纳　　复核　　制单

记账凭证

总号____

年　月　日

分号____

摘　要	总账科目	明细科目	借方金额										贷方金额										记账
			千	百	十	万	千	百	十	元	角	分	千	百	十	万	千	百	十	元	角	分	
合　计　金　额																							

附件　　张

财务主管　　记账　　出纳　　复核　　制单

记账凭证

总号____

年　月　日

分号____

摘　要	总账科目	明细科目	借方金额										贷方金额										记账
			千	百	十	万	千	百	十	元	角	分	千	百	十	万	千	百	十	元	角	分	
合　计　金　额																							

附件　　张

财务主管　　记账　　出纳　　复核　　制单

记账凭证

年　月　日

总号____
分号____

摘要	总账科目	明细科目	借方金额										贷方金额										记账
			千	百	十	万	千	百	十	元	角	分	千	百	十	万	千	百	十	元	角	分	
合计金额																							

附件　张

财务主管　记账　出纳　复核　制单

记账凭证

年　月　日

总号____
分号____

摘要	总账科目	明细科目	借方金额										贷方金额										记账
			千	百	十	万	千	百	十	元	角	分	千	百	十	万	千	百	十	元	角	分	
合计金额																							

附件　张

财务主管　记账　出纳　复核　制单

记账凭证

年　月　日

总号____
分号____

摘要	总账科目	明细科目	借方金额										贷方金额										记账
			千	百	十	万	千	百	十	元	角	分	千	百	十	万	千	百	十	元	角	分	
合计金额																							

附件　张

财务主管　记账　出纳　复核　制单

记账凭证

年　月　日　　　　总号____　分号____

摘要	总账科目	明细科目	借方金额										贷方金额										记账
			千	百	十	万	千	百	十	元	角	分	千	百	十	万	千	百	十	元	角	分	
合计金额																							

附件　张

财务主管　　记账　　出纳　　复核　　制单

记账凭证

年　月　日　　　　总号____　分号____

摘要	总账科目	明细科目	借方金额										贷方金额										记账
			千	百	十	万	千	百	十	元	角	分	千	百	十	万	千	百	十	元	角	分	
合计金额																							

附件　张

财务主管　　记账　　出纳　　复核　　制单

记账凭证

年　月　日　　　　总号____　分号____

摘要	总账科目	明细科目	借方金额										贷方金额										记账
			千	百	十	万	千	百	十	元	角	分	千	百	十	万	千	百	十	元	角	分	
合计金额																							

附件　张

财务主管　　记账　　出纳　　复核　　制单

记账凭证

年 月 日

总号____
分号____

摘要	总账科目	明细科目	借方金额										贷方金额										记账
			千	百	十	万	千	百	十	元	角	分	千	百	十	万	千	百	十	元	角	分	
合计金额																							

附件 张

财务主管　　记账　　出纳　　复核　　制单

记账凭证

年 月 日

总号____
分号____

摘要	总账科目	明细科目	借方金额										贷方金额										记账
			千	百	十	万	千	百	十	元	角	分	千	百	十	万	千	百	十	元	角	分	
合计金额																							

附件 张

财务主管　　记账　　出纳　　复核　　制单

记账凭证

年 月 日

总号____
分号____

摘要	总账科目	明细科目	借方金额										贷方金额										记账
			千	百	十	万	千	百	十	元	角	分	千	百	十	万	千	百	十	元	角	分	
合计金额																							

附件 张

财务主管　　记账　　出纳　　复核　　制单

记账凭证

总号____

年　月　日　　分号____

摘要	总账科目	明细科目	借方金额										贷方金额										记账
			千	百	十	万	千	百	十	元	角	分	千	百	十	万	千	百	十	元	角	分	
合计金额																							

附件　张

财务主管　　记账　　出纳　　复核　　制单

记账凭证

总号____

年　月　日　　分号____

摘要	总账科目	明细科目	借方金额										贷方金额										记账
			千	百	十	万	千	百	十	元	角	分	千	百	十	万	千	百	十	元	角	分	
合计金额																							

附件　张

财务主管　　记账　　出纳　　复核　　制单

记账凭证

总号____

年　月　日　　分号____

摘要	总账科目	明细科目	借方金额										贷方金额										记账
			千	百	十	万	千	百	十	元	角	分	千	百	十	万	千	百	十	元	角	分	
合计金额																							

附件　张

财务主管　　记账　　出纳　　复核　　制单

记账凭证

总号____

年　月　日

分号____

摘　要	总账科目	明细科目	借方金额										贷方金额										记账
			千	百	十	万	千	百	十	元	角	分	千	百	十	万	千	百	十	元	角	分	
合计金额																							

附件　张

财务主管　　记账　　出纳　　复核　　制单

总分类账

账户名称:库存现金

年		凭证号数	摘　要	借　方	贷　方	借或贷	余　额
月	日						

总分类账

账户名称:在途物资

年		凭证号数	摘　要	借　方	贷　方	借或贷	余　额
月	日						

总分类账

账户名称:银行存款

年		凭证号数	摘　　要	借　　方	贷　　方	借或贷	余　　额
月	日						

总分类账

账户名称:应交税费

年		凭证号数	摘　　要	借　　方	贷　　方	借或贷	余　　额
月	日						

总分类账

账户名称:管理费用

年		凭证号数	摘　　要	借　　方	贷　　方	借或贷	余　　额
月	日						

实训二

[目的]练习科目汇总表账务处理程序。

[资料]同实训一

[要求]根据实训一的记账凭证编制科目汇总表,并根据科目汇总表登记“库存现金”、“银行存款”、“在途物资”、“应交税费”、“管理费用”五个账户的总账。

总分类账

账户名称:库存现金

年		凭证号数	摘要	借方	贷方	借或贷	余额
月	日						

总分类账

账户名称:银行存款

年		凭证号数	摘要	借方	贷方	借或贷	余额
月	日						

总分类账

账户名称:在途物资

年		凭证号数	摘要	借方	贷方	借或贷	余额
月	日						

总分类账

账户名称:应交税费

年		凭证号数	摘要	借方	贷方	借或贷	余额
月	日						

总分类账

账户名称:管理费用

年		凭证号数	摘要	借方	贷方	借或贷	余额
月	日						

科目汇总表

2009 年 8 月 31 日

会计科目	借方发生额	贷方发生额
库存现金		
银行存款		
应收账款		
其他应收款		
材料采购		
原材料		
生产成本		
制造费用		
库存商品		
累计折旧		
应交税费		
应付职工薪酬		
应付账款		
短期借款		
主营业务收入		
主营业务成本		
管理费用		
销售费用		
本年利润		
合　计		

参考答案

一、单项选择题

1. A　2. D　3. D　4. A　5. B　6. A　7. B　8. B　9. C　10. A　11. D　12. C　13. B　14. C

二、多项选择题

1. ACD　2. BC　3. ABD　4. ABCD　5. ABC　6. ABC　7. ABC　8. ABC　9. ACD　10. AC

三、判断题

1. √　2. √　3. ×　4. ×　5. ×　6. ×　7. √　8. √　9. ×　10. √

四、实训题

实训一（通用记账凭证的填制略，以会计分录代。凭证编号可采用顺序编号法或分类编号法，或两者同时采用，答案采用分类编号法。）

1. 借：在途物资——甲材料　　30 000

应交税费——应交增值税(进项税额) 5 100
贷:应付账款 35 100
2. 借:在途物资——甲材料 230
贷:库存现金 230
借:原材料——甲材料 30 230
贷:在途物资——甲材料 30 230
3. 借:应交税费——未交增值税 8 600
贷:银行存款 8 600
4. 借:银行存款 50 000
贷:短期借款 50 000
5. 借:银行存款 36 000
贷:应收账款 36 000
6. 借:制造费用 500
贷:银行存款 500
7. 借:生产成本 20 000
贷:原材料——甲材料 20 000
8. 借:在途物资——乙材料 50 000
应交税费——应交增值税(进项税额) 8 500
贷:银行存款 58 500
9. 借:银行存款 29 250
贷:主营业务收入 25 000
应交税费——应交增值税(销项税额) 4 250
10. 借:库存现金 2 000
贷:银行存款 2 000
11. 借:管理费用 800
贷:银行存款 800
12. 借:销售费用 180
贷:库存现金 180
13. 借:应收账款 7 020
贷:主营业务收入 6 000
应交税费——应交增值税(销项税额) 1 020
14. 借:销售费用 5 000
贷:银行存款 5 000
15. 借:管理费用 450
贷:银行存款 450
16. 借:管理费用 560
贷:其他应收款——王红 500
库存现金 60
17. 借:库存现金 100 000
贷:银行存款 100 000
18. 借:应付职工薪酬——工资 100 000
贷:库存现金 100 000

19. 借:制造费用　　1 680
　　管理费用　　320
　　贷:银行存款　　2 000
20. 借:制造费用　　2 000
　　管理费用　　500
　　贷:累计折旧　　2 500
21. 借:生产成本　　4 180
　　贷:制造费用　　4 180
22. 借:库存商品　　24 180
　　贷:生产成本　　24 180
23. 借:主营业务成本　　28 000
　　贷:库存商品　　28 000
24. 借:主营业务收入　　31 000
　　贷:本年利润　　31 000
　　借:本年利润　　35 810
　　贷:主营业务成本　　28 000
　　　　管理费用　　2 630
　　　　销售费用　　5 180

利润总额 = 31 000 - 35 810 = -4 810(因为企业发生亏损,因此不用计交企业所得税)

总分类账

账户名称:库存现金

年		凭证号数	摘　要	借　方	贷　方	借或贷	余　额
月	日						
8	1		期初余额			借	10 000
8	3	现付 1	付运杂费		230	借	9 770
8	15	银付 4	提现	2 000		借	11 770
8	17	现付 2	付销售费用		180	借	11 590
8	20	现付 3	付差旅费		60	借	11 530
8	25	银付 8	提现	100 000		借	111 530
8	25	现付 4	发放工资		100 000	借	11 530

总分类账

账户名称:在途物资

年		凭证号数	摘　要	借　方	贷　方	借或贷	余　额
月	日						
8	2	转 1	采购	30 000		借	30 000
8	3	现付 1	运杂费	230		借	30 230
8	3	转 2	入库		30 230	平	0
8	14	银付 3	采购	50 000		借	50 000

总分类账

账户名称:银行存款

年		凭证号数	摘　要	借　方	贷　方	借或贷	余　额
月	日						
8	1		期初余额			借	455 700
8	5	银付1	交税		8 600	借	447 100
8	8	银收1	借款	50 000		借	497 100
8	10	银收2	收前欠货款	36 000		借	533 100
8	12	银付2	购办公用品		500	借	532 600
8	14	银付3	采购材料		58 500	借	474 100
8	15	银收3	销售产品	29 250		借	503 350
8	15	银付4	提现		2 000	借	501 350
8	16	银付5	购办公用品		800	借	500 550
8	18	银付6	付广告费		5 000	借	495 550
8	19	银付7	付修理费		450	借	495 100
8	25	银付8	提现		100 000	借	395 100
8	26	银付9	付水电费		2 000	借	393 100

总分类账

账户名称:应交税费

年		凭证号数	摘　要	借　方	贷　方	借或贷	余　额
月	日						
8	1		期初余额			贷	22 200
8	2	转1	采购	5 100		贷	17 100
8	5	银付1	交税	8 600		贷	8 500
8	14	银付3	采购	8 500		平	0
8	15	银收3	销售产品		4 250	贷	4 250
8	18	转4	销售产品		1 020	贷	5 270

总分类账

账户名称:管理费用

年		凭证号数	摘　要	借　方	贷　方	借或贷	余　额
月	日						
8	16	银付5	购办公用品	800		借	800
8	19	银付7	付修理费	450		借	1 250
8	20	现付3	付差旅费	60		借	1 310
8	20	转5	差旅费	500		借	1 810
8	26	银付9	付水电费	320		借	2 130
8	31	转6	折旧费	500		借	2 630
8	31	转7	期末结转		2 630	平	0

实训二

总分类账

账户名称:库存现金

年		凭证号数	摘　要	借　方	贷　方	借或贷	余　额
月	日						
8	1		期初余额			借	10 000
8	31	汇1	汇总表过入	102 000	100 470	借	11 530

总分类账

账户名称:银行存款

年		凭证号数	摘　要	借　方	贷　方	借或贷	余　额
月	日						
8	1		期初余额			借	455 700
8	31	汇1	汇总表过入	115 250	177 850	借	393 100

总分类账

账户名称:在途物资

年		凭证号数	摘　要	借　方	贷　方	借或贷	余　额
月	日						
8	31	汇1	汇总表过入	80 230	30 230	借	50 000

总分类账

账户名称:应交税费

年		凭证号数	摘　要	借　方	贷　方	借或贷	余　额
月	日						
8	1		期初余额			贷	22 200
8	31	汇1	汇总表过入	22 200	5 270	贷	5 270

总分类账

账户名称:管理费用

年		凭证号数	摘　要	借　方	贷　方	借或贷	余　额
月	日						
8	31	汇1	汇总表过入	2 630	2 630	平	0

科目汇总表

2009年8月31日

会计科目	借方发生额	贷方发生额
库存现金	102 000	100 470
银行存款	115 250	177 850
应收账款	7 020	36 000
其他应收款		500
在途物资	80 230	30 230
原材料	30 230	20 000
生产成本	24 180	24 180
制造费用	4 180	4 180
库存商品	24 180	28 000
累计折旧		2 500
应交税费	22 200	5 270
应付职工薪酬	100 000	
应付账款		35 100
短期借款		50 000
主营业务收入	31 000	31 000
主营业务成本	28 000	28 000
管理费用	2 630	2 630
销售费用	5 180	5 180
本年利润	35 810	31 000
合　　计	612 090	612 090

第三篇

会计工作组织与管理

第十一章

会计工作的组织与管理

【学习目的】

通过本章的学习，要求学生了解会计工作管理体制和会计电算化的基本内容，理解组织会计工作的意义、组织形式，熟悉会计机构的设置和岗位责任制，明确会计人员的职责、权限，掌握会计法规体系的构成和会计档案管理。

【学习要点】

1. 会计工作管理体制是划分会计工作职责权限关系的制度，包括会计工作管理组织形式、管理权限划分、管理机构设置等内容。

2. 会计工作是指运用一整套会计专门方法对会计事项进行处理的活动。会计工作的组织就是为了适应会计工作的综合性、政策性和严密细致性的特点而对会计机构的设置、会计人员的配置、会计制度的制定与执行等项工作所做的统筹安排。其组织形式有集中核算和非集中核算两种。

3. 会计档案是指会计凭证、会计账簿和财务报告等会计核算资料，是记录和反映会计主体经济业务的重要史料和证据。

4. 会计机构是各单位内部由会计人员组成的直接从事和组织领导会计工作的职能部门。

5. 会计工作岗位责任制是指在各单位会计机构内部，根据会计人员的配备情况，按照会计工作的内容进行合理分工而形成的一种会计管理制度。

6. 会计法规是国家和地方立法机关以及中央、地方各级政府部门制定颁发的有关会计方面的法律、法规、准则和制度等。

7. 会计电算化的内容主要包括会计核算电算化、会计管理电算化和会计决策电算化。

重点：岗位责任制、会计人员的职责与权限、会计档案管理

难点：会计法规体系的构成

实训练习

一、单项选择题

1. 会计档案是指(　　)、会计账簿和财务报告等会计核算专业资料。

A. 原始凭证　　B. 会计凭证　　C. 转账凭证　　D. 科目汇总表

2.《中华人民共和国会计法》明确规定，管理全国会计工作的部门是(　　)。

A. 国务院　　B. 财政部　　C. 全国人大　　D. 注册会计师协会

3. 单位合并后，原各单位仍存续的，其会计档案应由(　　)保管。

A. 合并后单位　　B. 原各单位　　C. 业务主管部门　　D. 以上均可

4. 在大中型企业中,领导和组织企业会计工作和经济核算工作的是(　　)。
A. 厂长　B. 注册会计师　C. 高级会计师　D. 总会计师
5. 下列保管期限为永久的是(　　)。
A. 会计档案保管清册　B. 会计移交清册　C. 总账　D. 会计凭证
6. 关于非集中核算组织形式,下列说法中正确的是(　　)。
A. 总分类核算和对外报表应由厂级会计部门集中进行
B. 车间级会计部门负责独立组织本车间的全套会计循环
C. 车间级会计部门只负责登记原始记录和填制原始凭证
D. 以上说法都不对
7. 下列保管期限为25年的是(　　)。
A. 会计凭证　B. 财务会计报告
C. 现金和银行存款日记账　D. 会计档案销毁清册
8. 关于会计部门内部的岗位责任制,下列说法中错误的是(　　)。
A. 必须贯彻钱账分设、内部牵制的原则
B. 人员分工可以一岗一人,也可以一岗多人或多岗一人
C. 会计人员合理分工,能划小核算单位,缩小会计主体,简化会计工作
D. 应保证每一项会计工作都有专人负责
9. 会计人员的职责中不包括(　　)。
A. 进行会计核算　B. 实行会计监督　C. 编制预算　D. 决定经营方针
10. 会计人员对不真实、不合法的原始凭证应(　　)。
A. 处理后上报　B. 更正补充　C. 不予受理　D. 无权自行处理
11. 在一些规模小、会计业务简单的单位,可以(　　)。
A. 单独设置会计机构　B. 在有关机构中配备专职会计人员
C. 将业务并入其他机构或代理记账　D. 不进行会计核算
12. 集中核算和非集中核算,在一个企业里(　　)。
A. 必须同时采用　B. 必须区别采用
C. 既可同时采用,又可分别采用　D. 不能同时采用
13. 会计人员对于违法事项,不拒绝执行,又不向领导或上级机关、财政部门报告,应(　　)。
A. 不负任何责任　B. 单独承担责任
C. 同有关人员负连带责任　D. 承担全部责任
14. 会计职业道德是一种(　　)。
A. 强制性规范　B. 法律规范
C. 非强制性规范　D. 职业道德
15. 企业年度会计报表的保管期限为(　　)。
A. 5年　B. 15年　C. 25年　D. 永久

二、多项选择题

1. 下列属我国会计专业技术职务的是(　　)。
A. 高级会计师　B. 注册会计师
C. 助理会计师　D. 会计师
2. 合理地组织企业的会计工作,能够(　　)。
A. 提高会计工作的效率和质量　B. 取代企业的计划、统计等部门的工作
C. 加强各单位内部的经济责任制　D. 确保会计工作与其他经济管理工作协调一致

3. 会计工作的组织,主要包括(　　)。
A. 会计机构的设置　　B. 会计人员的配备
C. 会计法规、制度的制定与执行　　D. 会计档案的保管
4. 会计工作的组织形式包括(　　)。
A. 科目汇总表核算形式　　B. 集中核算形式
C. 汇总记账凭证核算形式　　D. 非集中核算形式
5. 非集中核算形式下,二级核算单位的核算内容包括(　　)。
A. 填制原始凭证　　B. 进行明细分类核算
C. 进行总分类核算　　D. 编制内部报表
6. 下列属于会计档案定期保管期限的有(　　)。
A. 8 年　　B. 5 年　　C. 10 年　　D. 15 年
7. 会计人员和会计机构的主要职责有(　　)。
A. 进行会计核算　　B. 拟定本单位的会计工作实施办法和制度
C. 实行会计监督　　D. 编制预算和财务计划,并考核分析执行情况
8. 无论采用集中核算还是非集中核算,都应由厂部财务会计部门集中办理的业务有(　　)。
A. 企业对外的现金往来　　B. 材料的明细核算
C. 对外报表的编制　　D. 债权债务的结算
9. 会计人员的主要权限有(　　)。
A. 督促本单位有关部门执行国家财务会计制度　　B. 参与本单位编制计划
C. 有权检查本单位有关部门的财务收支　　D. 对外签订经济合同
10. 一般来说,总会计师应由具有(　　)技术职称的人员担任。
A. 会计员　　B. 助理会计师　　C. 会计师　　D. 高级会计师
11. 下列属于会计电算化内容的是(　　)。
A. 会计核算电算化　　B. 会计检查电算化　　C. 会计管理电算化　　D. 会计决策电算化
12. 配备会计软件是会计电算化的基础工作,其主要形式有(　　)。
A. 选择通用会计软件　　B. 定点开发会计软件
C. 选择普及性会计软件　　D. 通用与定点开发会计软件相结合

三、判断题

1. 企业采用非集中核算形式,会使财会部门掌握的资料比较完整、详细。(　　)
2.《会计法》明确规定,国务院财政部直接管理全国各地区的会计工作。(　　)
3. 会计人员的主要职责就是进行会计核算,即通常所说的记账、算账、报账。(　　)
4. 总会计师是单位领导成员,协助单位负责人工作,直接对单位负责人负责。(　　)
5. 企业会计工作的组织形式是统一领导,分级管理。(　　)
6. 各企业、行政事业单位都必须单独设置专职的会计机构。(　　)
7. 我国的会计法规体系由三个层次构成,即会计法、会计准则、会计制度。(　　)
8. 会计档案的保管期限分为永久保管和定期保管两种,其中定期保管又分为 3 年、5 年、10 年、15 年和 25 年。(　　)
9. 对于不具备设置会计机构条件的单位,可由代理记账业务的机构完成其会计工作。(　　)
10.《会计法》规定,任何企业单位都必须设置总会计师,其任职资格、任免程序、职责权限由国务院统一规定。(　　)

参考答案

一、单项选择题

1. B 2. B 3. B 4. D 5. A 6. A 7. C 8. C 9. D 10. C 11. C 12. C 13. C 14. C 15. D

二、多项选择题

1. ACD 2. ACD 3. ABCD 4. BD 5. ABD 6. BCD 7. ABCD 8. ACD 9. ABC 10. CD 11. ACD 12. ABD

三、判断题

1. × 2. × 3. × 4. √ 5. × 6. × 7. × 8. √ 9. √ 10. ×

第四篇

综合实训

【实训目的】

通过综合实训,要求学生能够结合工业企业主要经营过程的核算内容,进行全程实务操作演练。

【实训要求】

根据沈阳大唐设备有限公司 2009 年 12 月的期初资料和 12 月发生的经济业务,完成建账、填制记账凭证、编制科目汇总表、登记账簿、编制财务会计报告的操作练习。

实训用品

实训用品明细表

序　号	实训用品名称	数　量
1	总账	13 页
2	现金日记账、银行存款日记账	各 1 页
3	三栏式明细账、多栏式明细账	各 5 页
4	数量金额式明细账	3 页
5	应交增值税明细账	1 页
6	通用记账凭证	35 张
7	记账凭证封面、封底	各 1 张
8	科目汇总表	1 页
9	资产负债表	1 份
10	利润表	1 份
11	账绳	1 根

实训资料

一、公司简介

沈阳大唐设备有限公司成立于 2006 年 8 月 31 日。

公司住所:沈阳市沈北新区 88 号

税务登记证号:210103240946666

企业开户银行:工行沈北分理处

企业银行账号:3300244556 - 6868

公司注册资本:人民币 100 万元,其中:董事长李文之占 60%,沈阳人杰机床有限公司占 40%。

公司经营范围:真空设备加工与制造

为方便实训，对企业具体业务进行了必要的简化和处理。设仓库保管员为王民，出纳员为李丽丽，并假设会计利润与应纳税所得额相同，企业所得税税率为25%。

二、沈阳大唐设备有限公司2009年12月份经济业务资料

公司2009年11月30日账户余额表

科目名称	借方余额	科目名称	贷方余额
库存现金	2 500.60	短期借款	200 000.00
银行存款	284 971.75	应付账款	280 000.00
应收账款	676 250.00	——天津电线	160 000.00
——山东海尔	523 565.00	——北京通达	120 000.00
——沈阳机床	152 685.00	应付职工薪酬	70 890.00
其他应收款	35 798.00	应交税费	68 326.78
原材料	272 890.00	其他应付款	207 000.00
长期待摊费用	15 000.00	负债合计	826 216.78
生产成本	228 970.00	实收资本	1 000 000.00
库存商品	423 619.00	——李文之	600 000.00
固定资产	826 590.00	——沈阳人杰	400 000.00
——车间	535 890.00	盈余公积	105 626.31
——行政部门	290 700.00	未分配利润	714 746.26
累计折旧	-120 000.00	所有者权益合计	1 820 372.57
资产合计	2 646 589.35	负债及所有者权益合计	2 646 589.35

本月发生如下经济业务：

1. 12月3日，出纳员开出现金支票提取现金8 000元备用。

中国工商银行
现金支票存根（京）
XⅡ08152222

科目：
对方科目：

出票日期：2009年12月3日
收款人：沈阳大唐公司
金额：8 000
用途：备用金

中国工商银行现金支票　　XⅡ08152222
签发日期　贰零零玖年壹拾贰月零叁日　　开户银行：沈北分理处
收款人：沈阳大唐设备有限公司　　签发人账号：3300244556－6868

人民币（大写）捌仟元整	十	万	千	百	十	元	角	分
		¥	8	0	0	0	0	0

用途：备用金　　科目（借）：
上列款项请从我账户内支付。　　对方科目（贷）：
签发人盖章　　沈阳大唐设备有限公司 财务专用章　　李文之印
付讫日期　　年　　月　　日
出纳　　复核　　记账

2. 12 月 4 日，采购部业务员李阳预借差旅费 5 000 元，以现金付讫。

借　款　单(记账)

2009 年 12 月 4 日　　　顺序号:196

借款单位	采购部	借款人	李阳	
借款事由	出差			
金　额	人民币(大写)伍仟元整	￥:5000		
备注		出纳	会计主管	领款人
		李丽丽		李阳

3. 12 月 4 日，收到新股东吉利公司投资款 500 000 元，转账支票已存入银行。

中国工商银行银行进账单　（回单或收账通知）

日期:2009 年 12 月 4 日

付款人	全　称	吉利公司	收款人	全　称	沈阳大唐设备有限公司
	账　号	234812－3908		账　号	3300244556－6868
	开户银行	工行松陵支行		开户银行	工行沈北分理处

人民币(大写)伍拾万元整	千	百	十	万	千	百	十	元	角	分
		￥	5	0	0	0	0	0	0	0

票据种类	转账支票	收款人开户银行盖章
票据张数	1	
单位主管　会计　复核　记账		

中国工商银行 沈北分理处

收　款　收　据(第三联)　（回单或收账通知）

日期:2009 年 12 月 4 日

交款单位	吉利公司	金额								
		百	十	万	千	百	十	元	角	分
人民币(大写)	伍拾万元整	￥	5	0	0	0	0	0	0	0
收款事由	投资款									
上记款项照数收讫无误										

沈阳大唐设备有限公司 财务专用章

财务负责人:　　经手人:　　出纳:李丽丽　　记账:

4. 12 月 5 日，收到山东海尔公司前欠货款 120 000 元，存入银行。

中国工商银行银行进账单 （回单或收账通知）

日期:2009 年 12 月 5 日

出票人			收款人		
出票人	全　称	山东海尔公司	收款人	全　称	沈阳大唐设备有限公司
	账　号	234567－5432		账　号	3300244556－6868
	开户银行	工行济南市支行		开户银行	工行沈北分理处

人民币（大写）壹拾贰万元整	千	百	十	万	千	百	十	元	角	分
		¥	1	2	0	0	0	0	0	0

票据种类	转账支票	收款人开户银行盖章
票据张数	1	
单位主管　会计　复核　记账		

中国工商银行
沈北分理处

5. 12 月 6 日，从天津自动化研究所购入甲材料，发票账单内列货款 160 000 元，增值税 27 200 元，货款暂未付。（发票“抵扣联”略）

辽宁省增值税专用发票

发　票　联　　　　开票日期:2009 年 12 月 6 日

购货单位	名　　称:沈阳大唐设备有限公司 纳税人识别号:210103240946666 地 址 、电 话:沈北新区 88 号　24142255 开户行及账号:工行沈北分理处　3300244556－6868	密码区	7 <3 －9/ ≠3 >90 +8 +77 >5 + ≠加密版本: 01 －158 ≠ ? +78? 35 <9 －9987 ≠220142156 > ∗8

货物或应税名称	规格型号	单位	数量	单价	金额	税率	税额
甲材料		斤	100	1 600	160 000	17%	27 200
合　计					¥160 000		¥27 200
价税合计（大写）	壹拾捌万柒仟贰佰元整				（小写）¥187 200.00		

销货单位	名　　称:天津自动化研究所 纳税人识别号:21212702031417 地 址 、电 话:河西区友好街 165 号　23456749 开户行及账号:农行河西区分理处　5410386672	备注	

收款人:　　　复核:　　　开票人

天津自动化研究所
发票专用章

第二联：发票联　购货方记账凭证

原材料入库单

2009 年 12 月 6 日　　　　No. 2548716

材料名称	计量单位	数量		实际成本		计划		差异
		应收	实收	单价	金额	单价	金额	
甲材料	斤	100	100	1 600	160 000		160 000	

仓库保管员:王民　　　经手人:　　　复核

6. 12 月 8 日，开出现金支票支付业务招待费 1 500 元。

辽宁省餐饮业统一发票

单位:沈阳大唐设备有限公司　　2009 年 12 月 8 日　　№.02538

货号	品名	规格	单位	数量	单价	金额 万	千	百	十	元	角	分	备注
	餐费					¥	1	5	0	0	0	0	
合计金额（大写）	壹仟伍佰元整			¥1500									

兴隆美食城 发票专用章

收款:李东东　　开票:赵原

中国工商银行 现金支票存根(京) XⅡ08152222	中国工商银行现金支票　　XⅡ08152222 签发日期　贰零零玖年壹拾贰月零捌日　　开户银行:沈北分理处 收款人:　兴隆美食城　　签发人账号:3300244556－6868
科目: 对方科目:	人民币（大写）壹仟伍佰元整　　十 万 千 百 十 元 角 分：　¥ 1 5 0 0 0 0
出票日期 09 年 12 月 8 日 收款人:　兴隆美食城 金额:　1500 用途:　餐费	用途:　　　　科目(借): 上列款项请从我账户内支付。对方科目(贷): 盖章　　　　付讫日期　　年　　月　　日 出纳　　复核　　记账

沈阳大唐设备有限公司 财务专用章　　李文之印

7. 12 月 9 日,购买现金支票 1 本,转账支票 1 本,每本 30 元。

中国工商银行收费凭证

2009 年 12 月 9 日

户名	沈阳大唐设备有限公司		账号	3300244556－6868							
开户银行	工商银行沈北分理处	凭证种类	单价	数量	金额 十	万	千	百	十	元	角	分
备注:		支票	30.00	2					6	0	0	0
合计金额(大写)陆拾元整								¥	6	0	0	0

中国工商银行沈北分理处 4568275 263486528 业务专用章

复核　　记账

8. 12 月 10 日,司机李良报销汽油费 589 元,以现金付讫。

辽宁省沈阳市成品油销售发票

加油站专用　　　№. 24428

购货单位:沈阳大唐设备有限公司　　　2009 年 12 月 10 日　　　沈国税(09)1 批 2066 号

货名	单位	数量	单价	金额									备注
				百	十	万	千	百	十	元	角	分	
汽油	升	100	5.89					5	8	9	0	0	
合计金额（大写）	伍佰捌拾玖元整							5	8	9	0	0	
结算方式	现金			银行及账号									

销货单位(盖章有效)　　　收款人　　　开票人

9. 12 月 11 日,以现金支付厂部邮电费 375.85 元。

辽宁省邮政专用发票

发票联　　348767

中国邮政
CHNAPOST　　　2009 年 12 月 11 日　　　辽地税(2008)第 115 号(3)

用户名称	沈阳大唐设备有限公司										
业务种类	单位	数量	单价	金额							
				十	万	千	百	十	元	角	分
邮电费							3	7	5	8	5
合计金额	人民币(大写)叁佰柒拾伍元捌角伍分					¥	3	7	5	8	5

10. 12 月 12 日,按销售合同向沈阳先科公司销售真空设备 5 台,每台不含税销售价为 60 000 元。

中国工商银行银行进账单(回单或收账通知)

日期:2009 年 12 月 12 日

付款人	全　称	沈阳先科公司	收款人	全　称	沈阳大唐设备有限公司
	账　号	35863－2075		账　号	3300244556－6868
	开户银行	工行北陵支行		开户银行	工行沈北分理处

人民币(大写)	千	百	十	万	千	百	十	元	角	分
叁拾伍万壹仟元整		¥	3	5	1	0	0	0	0	0

票据种类	转账支票	收款人开户银行盖章
票据张数	1	
单位主管　会计　复核　记账		

辽宁省增值税专用发票

记 账 联　　开票日期:2009 年 12 月 12 日

购货单位	名　　称:沈阳先科公司 纳税人识别号:210103580946689 地 址 、电 话:沈阳市大东区 80 号　34142268 开户行及账号:工行大东分理处 3300233672 - 368			密码区	7 < 3 - 9/ ≠ 3 > 90 + 8 + 78 > 5 + ≠加密版本: 01 - 168 ≠ ? +77? 36 < 9 - 9987 ≠ 220142155 > ＊6		
货物或应税名称	规格型号	单位	数量	单价	金额	税率	税额
真空设备		台	5	60 000	300 000	17%	51 000
合　计					¥		¥
价税合计(大写)	叁拾伍万壹仟元整				(小写) ¥ 351 000		
销货单位	名　　称:沈阳大唐设备有限公司 纳税人识别号:210103240946666 地 址 、电 话:沈北新区 88 号　24142255 开户行及账号:沈北分理处　3300244556 - 6868			备注	沈阳大唐设备有限公司 发票专用章		

收款人:　　复核:　　开票人　　销货单位:(章)

第三联:记账联　购货方记账凭证

产品出库单

2009 年 12 月 12 日　　№. 034559

产品名称	规格	单位	数量	单价	金额								
					百	十	万	千	百	十	元	角	分
真空设备		台	5	43 694. 20		2	1	8	4	7	1	0	0
合　计					¥	2	1	8	4	7	1	0	0

11. 12 月 13 日,出纳员填写现金交款单,将 6 208 元存入银行。

现金交款单

券　种	张数			本次交款情况记录							
壹佰元	60	中 国 工 商 银 行 现 金 交 款 单 交款日期 2009 年 12 月 13 日		多款	已退回						
伍拾元	4			少款	已补收						
拾　元											
伍　元	1	交款单位	全称	沈阳大唐设备有限公司	账　　号:			3300244556 - 6868			
贰　元	1		开户银行	工行沈北分理处	款项来源:						
壹　元	1	人民币(大写)	陆仟贰佰零捌元整		十	万	千	百	十	元	角	分
伍　角												
贰　角						¥	6	2	0	8	0	0
壹　角			出纳复核员	出纳收款员							

中国工商银行 沈北分理处

12. 12 月 14 日,李阳报销差旅费 3 269 元,余款交回。

出差车旅费报销单

填制日期:2009 年 12 月 14 日　　出差事由:采购订货会　附凭证 2 份

月	日	起止地点	天数	车船费	市内交通	伙食补助	住宿费	其他	合计	核准金额	领导审批
12	4	沈阳—北京	1	300							
12	5	北京	8		150	1 000	1 500	19	3 269		
12	13	北京—沈阳	1	300						按实际发生金额 3 269 元报销。	
合计			大写:叁仟贰佰陆拾玖元整								

出差人:李阳

借款结算款

时　间	2009 年 12 月 14 日
借款金额	5 000.00
报销金额	3 269.00
交回金额	1 731.00
结付金额	1 731.00
借款人签章	李阳

13. 12 月 15 日,出租无形资产使用权,收到 50 000 元的转账支票,存入银行。

辽宁省租赁业专用发票

发票联

客户名称:　　2009 年 12 月 15 日　　No. 0071268

品出	数量	单价	金额								
			百	十	万	千	百	十	元	角	分
无形资产（使用权）				¥	5	0	0	0	0	0	0
合计金额（大写）	伍万元整	沈阳大唐设备有限公司 财务专用章									

中国工商银行银行进账单　（回单或收账通知）

日期:2009 年 12 月 15 日

付款人	全　称	沈阳蓝天公司	收款人	全　称	沈阳大唐设备有限公司
	账　号	3300244556 - 6868		账　号	3300244556 - 6868
	开户行	沈阳市大东分理处		开户行	沈北分理处

人民币(大写)伍万元整	中国工商银行 沈北分理处	千	百	十	万	千	百	十	元	角	分
				¥	5	0	0	0	0	0	0

票据种类	转账支票	收款人开户银行盖章
票据张数	1	
单位主管　会计　复核　记账		

14. 12月17日，厂部办公室用支票购买戴尔电脑2台，每台单价5 000元。预计使用5年，预计净残值200元。（发票“抵扣联”略）

<table>
<tr><td>中国工商银行
转账支票存根(辽)
XⅡ09786858</td><td colspan="8">中国工商银行现金支票　　　XⅡ09786858
签发日期　贰零零玖年壹拾贰月壹拾柒日　开户银行：沈北分理处
收款人：诚大电脑城　　　签发人账号：3300244556－6868</td></tr>
<tr><td>科目：</td><td>人民币</td><td>十</td><td>万</td><td>千</td><td>百</td><td>十</td><td>元</td><td>角　分</td></tr>
<tr><td>对方科目：</td><td>(大写)壹万壹仟柒佰元整</td><td>¥</td><td>1</td><td>1</td><td>7</td><td>0</td><td>0</td><td>0　0</td></tr>
<tr><td>出票日期 09年12月17日
收款人：诚大电脑城
金额：11700
用途：购电脑</td><td colspan="8">用途　　　　科目(借)
上列款项请从我账户内支付。对方科目(贷)：
沈阳大唐设备有限公司 财务专用章　李文之印
签章　　付讫日期　年　月　日
出纳　复核　记账</td></tr>
</table>

辽宁省增值税专用发票

发票联　　　开票日期：2009年12月17日

<table>
<tr><td>购货单位</td><td colspan="3">名　　称：沈阳大唐设备有限公司
纳税人识别号：210103240946666
地址、电话：沈北新区88号　24142255
开户行及账号：工行沈北分理处 3300244556-6868</td><td>密码区</td><td colspan="4">7 <3 －4/≠3 >90 +8 +75 >5 + ≠加密版本：
01 －156≠
？ +74？35 <9 －9977≠220142153 > ＊7</td></tr>
<tr><td colspan="2">货物或应税名称</td><td>规格型号</td><td>单位</td><td>数量</td><td>单价</td><td>金额</td><td>税率</td><td>税额</td></tr>
<tr><td colspan="2">戴尔电脑</td><td>1425</td><td>台</td><td>2</td><td>5 000</td><td>10 000</td><td>17%</td><td>1 700</td></tr>
<tr><td colspan="2">合　计</td><td></td><td></td><td></td><td></td><td>¥10 000</td><td></td><td>¥1 700</td></tr>
<tr><td colspan="2">价税合计(大写)</td><td colspan="7">壹万壹仟柒佰元整　　（小写）¥11 700.00</td></tr>
<tr><td>销货单位</td><td colspan="3">名　　称：诚大电脑诚
纳税人识别号：21321456778
地址、电话：沈阳市三好街8号　2356725
开户行及账号：工行三好分理处 3456789-24583</td><td>备注</td><td colspan="4">诚大电脑城 发票专用章</td></tr>
</table>

第二联：发票联　购货方记账凭证

收款人：　　复核：　　开票人　　销货单位：(章)

固定资产验收单

2009年12月17日

<table>
<tr><td>资产编号</td><td>资产名称</td><td>型号、规格或结构面积</td><td>计量单位</td><td>数量</td><td>设备价值或工程造价</td><td>设备基础及安装费用</td><td>附加费用</td><td>合计</td></tr>
<tr><td>2 165</td><td>电脑</td><td></td><td>台</td><td>2</td><td>5 000</td><td></td><td></td><td>10 000.00</td></tr>
<tr><td colspan="2">资产来源</td><td>购入</td><td colspan="2">耐用年限</td><td>5</td><td colspan="3" rowspan="4">主要附属设备
沈阳大唐设备有限公司 财务专用章</td></tr>
<tr><td colspan="2">制造单位</td><td></td><td colspan="2">估计残值</td><td>200</td></tr>
<tr><td colspan="2">制造日期及编号</td><td></td><td colspan="2">基本折旧率</td><td></td></tr>
<tr><td colspan="2">使用部门</td><td>厂部办公室</td><td colspan="2">复杂系数</td><td></td></tr>
</table>

15. 12月20日，收到企业“存款利息通知书”，利息729.53元。

存款利息通知书

2009 年 12 月 20 日

户　名	沈阳大唐设备有限公司			
账　号	3300244556－6868			
起息日	止息日	利率	积数	利息
11 月 20 日	12 月 20	2.56%	284 971.75	729.53
利息金额	人民币(大写)柒佰贰拾玖元伍角叁分			￥729.53
备　注				

16. 12 月 25 日,计算分配 12 月份职工薪酬。

工资结算汇总表

2009 年 12 月 25 日

车间、部门	应分配金额
生产工人工资	50 000
车间管理人员工资	20 000
厂部管理人员工资	10 000
合　计	80 000

单位主管　　财务主管　　复核　　制单

17. 12 月 26 日,开出现金支票,发放职工工资 70 890 元。

<table>
<tr><td>中国工商银行
现金支票存根(辽)
XⅡ08152224</td><td colspan="9">中国工商银行现金支票　　XⅡ08152224
签发日期　贰零零玖年壹拾贰月贰拾陆日　　开户银行:沈北分理处
收款人:沈阳大唐设备有限公司　　签发人账号:3300244556－6868</td></tr>
<tr><td>科目:
对方科目:</td><td>人民币
(大写)柒万零捌佰玖拾元整</td><td>十
￥</td><td>万
7</td><td>千
0</td><td>百
8</td><td>十
9</td><td>元
0</td><td>角
0</td><td>分
0</td></tr>
<tr><td>出票日期 09 年 12 月 26 日
收款人:　沈阳大唐公司
金额:　70890
用途:　备用金</td><td colspan="9">用途:备用金　　科目(借)
上列款项请从我账户内支付。　对方科目(贷):
签章　　付讫日期　年　月　日
出纳　复核　记账</td></tr>
</table>

18. 12 月 31 日,结转本月发出材料成本。

领　料　单

领料部门：基本生产车间　　　日期2009年12月31日　　　字第0886号

材料编号	材料名称	规格	单位	请领数量	实发数量	实际价格	
						单位	金额
188	甲材料		斤	100	100	1400	140 000.00
用途	生产产品	领料部门		发料部门			
		负责人	领料人	核准人	发料人		
			赵乐		王山		

②仓库记账后转财务科

领　料　单

领料部门：厂办　　　日期2009年12月31日　　　字第0886号

材料编号	材料名称	规格	单位	请领数量	实发数量	实际价格	
						单位	金额
188	甲材料		斤	2	2	1400	2 800.00
用途	管理用	领料部门		发料部门			
		负责人	领料人	核准人	发料人		
			李强		王山		

②仓库记账后转财务科

19. 12月31日，计算当月固定资产折旧。

固定资产折旧计算表

2009年12月　　　单位：元

使用部门	固定资产原值	已提折旧	月折旧率	月折旧额
车　间	535 890	100 000	5%	21 794.50
厂　部	290 700	20 000	5%	13 535.00
合　计	826 590			35 329.50

20. 12月31日，将本月发生的制造费用转入生产成本。

制造费用分配表

2009年12月　　　单位：元

分与对象	分配标准	分配率	分配金额
真空设备			41 794.50
合　计			41 794.50

单位主管：　　　财务主管　　　复核：　　　制单：

21. 12月31日，结转5件已完工产品生产成本。

完工产品成本计算单

2009年12月31日

产品名称	完工产量	直接材料	直接工资	制造费用	总成本	单位成本
真空设备	5	140 000.00	50 000.00	41 794.50	231 794.50	46 358.90
合　计	5	140 000.00	50 000.00	41 794.50	231 794.50	46 358.90

单位主管：　　　财务主管　　　复核：　　　制单：

产品入库单

交库部门:生产车间　　　　　　2009 年 12 月 31 日

产品类别	产品名称及规格	产品编号	计量单位	实收数量	单位成本	总成本
	真空设备		台	5	46 358.90	231 794.50
合　计				5	46 358.90	231 794.50

单位主管:　　　　主管　　　　保管:　　　　交库:

22. 12 月 31 日,结转已销产品的生产成本。

产品销售成本计算表

2009 年 12 月 31 日

产品名称	期初结存			本期完工入库			本期销售		
	数量	单位成本	总成本	数量	单位成本	总成本	数量	单位成本	总成本
真空设备	10	42361.9	423619	5	46 358.90	231 794.50	5	43694.20	218471.00

制表:　　　　　　　　财务科长:

23. 12 月 31 日,从工商银行开发区支行取得 2 年期借款 500 000 元。

借款凭证(回单)③

单位编号:　　　　日期:2009 年 12 月 31 日　　　　银行编号:

出票人	全　称	中国工商银行	收款人	全　称	沈阳大唐设备有限公司
	账　号	333 - 555		账　号	3300244556 - 6868
	开户银行	沈阳开发区分行		开户银行	中国工商银行沈北分理处
借款期限(最后还款日)		2 年	借款计划指标		

借款申请金额	人民币(大写)伍拾万元整	千	百	十	万	千	百	十	元	角	分
			¥	5	0	0	0	0	0	0	0

期限	计划还款日期	√	计划还款金额	分次还款记录			
1							
2							

备注:

中国工商银行
沈北分理处

24. 12 月 31 日,按规定计算本月应交增值税。
25. 12 月 31 日,结转各损益类账户。
26. 12 月 31 日,计算并结转本月所得税费用。
27. 12 月 31 日,结转全年净利润。
28. 12 月 31 日,分配利润额。按全年税后利润的 10% 提取法定盈余公积金。
29. 12 月 31 日,向投资者分配现金股利 40 000 元。
30. 12 月 31 日,结转已分配利润。

参考答案(记账凭证的填制、账簿的登记略)

科目汇总表

2009 年 12 月 1 日—12 月 31 日

科目名称	本期借方发生额	本期贷方发生额
库存现金	9 731.00	12 172.85
银行存款	1 527 937.53	92 150.00
其他应收款	5 000.00	5 000.00
原材料	160 000.00	142 800.00
库存商品	231 794.50	218 471.00
应收账款		120 000.00
固定资产	10 000.00	
累计折旧		35 329.50
应交税费	51 000.00	98 132.42
应付账款		187 200.00
应付职工薪酬	70 890.00	80 000.00
长期借款		500 000.00
实收资本		500 000.00
盈余公积		7 509.73
本年利润	350 000.00	350 000.00
利润分配	95 019.46	122 606.99
管理费用	32 068.85	32 068.85
财务费用	729.53	729.53
主营业务收入	300 000.00	300 000.00
其他业务收入	50 000.00	50 000.00
主营业务成本	218 471.00	218 471.00
制造费用	41 794.50	41 794.50
生产成本	231 794.50	231 794.50
所得税费用	25 032.42	25 032.42
应付股利		40 000.00
合　计	3 411 263.29	3 411 263.29

会计分录:

1. 借:库存现金　8 000
　　贷:银行存款　8 000
2. 借:其他应收款——李阳　5 000
　　贷:库存现金　5 000
3. 借:银行存款　500 000
　　贷:实收资本——吉利公司　500 000
4. 借:银行存款　120 000
　　贷:应收账款——山东海尔　120 000
5. 借:原材料——甲材料　160 000

应交税费——应交增值税(进项税额) 27 200
贷:应付账款——天津自动化研究所 187 200
6. 借:管理费用——招待费 1 500
贷:银行存款 1 500
7. 借:财务费用 60
贷:银行存款 60
8. 借:管理费用 589
贷:库存现金 589
9. 借:管理费用 375.85
贷:库存现金 375.85
10. 借:银行存款 351 000
贷:主营业务收入 300 000
应交税费——应交增值税(销项税额) 51 000
11. 借:银行存款 6 208
贷:库存现金 6 208
12. 借:管理费用 3 269
库存现金 1 731
贷:其他应收款——李阳 5 000
13. 借:银行存款 50 000
贷:其他业务收入 50 000
14. 借:固定资产 10 000
应交税费——应交增值税(进项税额) 1 700
贷:银行存款 11 700
15. 借:银行存款 729.53
贷:财务费用 729.53
16. 借:生产成本 50 000
制造费用 20 000
管理费用 10 000
贷:应付职工薪酬——工资 80 000
17. 借:应付职工薪酬 70 890
贷:银行存款 70 890
18. 借:生产成本 140 000
管理费用 2 800
贷:原材料 142 800
19. 借:制造费用 21 794.50
管理费用 13 535
贷:累计折旧 35 329.50
20. 借:生产成本 41 794.50
贷:制造费用 41 794.50
21. 借:库存商品 231 794.50
贷:生产成本 231 794.50
22. 借:主营业务成本 218 471

贷:库存商品 218 471

23. 借:银行存款 500 000

贷:长期借款 500 000

24. 借:应交税费——应交增值税(转出未交增值税) 22 100

贷:应交税费——未交增值税 22 100

25. 借:本年利润 249 870.32

财务费用 669.53

贷:管理费用 32 068.85

主营业务成本 218 471

借:主营业务收入 300 000

其他业务收入 50 000

贷:本年利润 350 000

26. 借:所得税费用 25 032.42

贷:应交税费——应交所得税 25 032.42

借:本年利润 25 032.42

贷:所得税费用 25 032.42

27. 借:本年利润 75 097.26

贷:利润分配——未分配利润 75 097.26

28. 借:利润分配——提盈余公积 7 509.73

贷:盈余公积 7 509.73

29. 借:利润分配——应付股利 40 000

贷:应付股利 40 000

30. 借:利润分配——未分配利润 47 509.73

贷:利润分配——提盈余公积 7 509.73

——应付股利 40 000

总账期末余额试算平衡表

账户名称	借方余额	贷方余额
库存现金	58.75	
银行存款	1 720 759.28	
其他应收款	35 798.00	
原材料	290 090.00	
库存商品	436 942.50	
应收账款	556 250.00	
长期待摊费用	15 000.00	
固定资产	836 590.00	
累计折旧		155 329.50
生产成本	228 970.00	
短期借款		200 000.00
应交税费		115 459.20

续表

账户名称	借方余额	贷方余额
应付账款		467 200.00
应付职工薪酬		80 000.00
其他应付款		207 000.00
长期借款		500 000.00
实收资本		1 500 000.00
盈余公积		113 136.04
利润分配		742 333.79
应付股利		40 000.00
合　计	4 120 458.53	4 120 458.53

资产负债表(简表)

编制单位:沈阳大唐设备有限公司　　2009 年 12 月 31 日　　单位:元

资　产	期末余额	期初余额	负债和股东权益	期末余额	期初余额
流动资产:		略	流动负债:		略
货币资金	1 720 818.03		短期借款	200 000.00	
应收账款	556 250.00		应付账款	467 200.00	
应收利息			应付职工薪酬	80 000.00	
应收股利			应交税费	115 459.20	
其他应收敦	35 798.00		应付利息		
存货	956 002.50		应付股利	40 000.00	
一年内到期的非流动资产			其他应付款	207 000.00	
其他流动资产			一年内到期的非流动动负债		
流动资产合计	3 268 868.53		其他流动负债		
非流动资产:			流动负债合计	1 109 659.20	
可供出售金融资产			非流动负债:		
持有至到期投资			长期借款	500 000.00	
长期股权投资			长期应付款		
固定资产	681 260.50		预计负债		
在建工程			递延所得税负债		
工程物资			其他非流动负债		
固定资产清理			非流动负债合计	500 000.00	
生产性生物资产			负债合计	1 609 659.20	
油气资产			股东权益:		
无形资产			实收资本(或股本)	1 500 000.00	
开发支出			资本公积		
长期待摊费用	15 000.00		盈余公积	113 136.04	

续表

资　产	期末余额	期初余额	负债和股东权益	期末余额	期初余额
递延所得税资产			未分配利润	742 333.79	
其他非流动资产			股东权益合计	2 355 469.83	
非流动资产合计	696 260.50				
资产总计	3 965 129.03		负债和股东权益总计	3 965 129.03	

利润表(简表)

编制单位:沈阳大唐设备有限公司　　2009 年 12 月　　单位:元

项　目	本期金额	上期金额
一、营业收入	350 000.00	略
减:营业成本	218 471.00	
营业税金及附加		
销售费用		
管理费用	32 068.85	
财务费用	-669.53	
资产减值损失		
加:公允价值变动收益(损失以“-”号填列)		
投资收入(损失以“-”号填列)		
二、营业利润(亏损以“-”号填列)	100 129.68	
加:营业外收入		
减:营业外支出		
其中:非流动资产处置损失		
三、利润总额(亏损总额以“-”号填列)	100 129.68	
减:所得税费用	25 032.42	
四、净利润(净亏损以“-”号填列)	75 097.26	

会计从业资格考试《会计基础》模拟试卷及参考答案(第一套)

一、单项选择题(每小题1分,共20分)

1. 会计科目是(　　)的名称。
A. 会计要素　B. 账簿　C. 账户　D. 会计报表
2. 账户的设置依据是(　　)。
A. 会计对象　B. 会计要素　C. 会计科目　D. 会计方法
3. 所有者权益在数量上等于(　　)。
A. 企业的全部资产减去流动负债　B. 企业的全部资产减去全部负债
C. 投资者投入的全部资本　D. 企业的原有资金
4. 借贷记账法的理论基础是(　　)。
A. 会计要素　B. 会计原则　C. 会计等式　D. 复式记账法
5. 发料凭证汇总表属于会计凭证中的(　　)。
A. 一次凭证　B. 累计凭证　C. 单式凭证　D. 汇总原始凭证
6. 银行存款日记账的收入方除了根据银行存款收款凭证登记外,有时还要根据(　　)凭证登记。
A. 银行存款付款凭证　B. 现金收款凭证　C. 现金付款凭证　D. 转账凭证
7. 在记账凭证核算程序下,登记总分类账的依据为(　　)。
A. 记账凭证　B. 汇总记账凭证　C. 科目汇总表　D. 原始凭证
8. 财产清查中发生的存货盘亏,若是自然损耗产生的定额内损耗,应于批准时列入(　　)。
A. 其他应收款　B. 营业外支出　C. 管理费用　D. 财务费用
9. 应收账款科目所属明细账有贷方余额,应在资产负债表中(　　)项目内反映。
A. 应收账款　B. 应付账款　C. 预付账款　D. 预收账款
10. 企业年度会计报表的保管期限为(　　)。
A. 5年　B. 15年　C. 25年　D. 永久
11. 下列不属于会计期间的有(　　)。
A. 年度　B. 每日　C. 季度　D. 月份
12. 界定会计核算空间范围的会计假设是(　　)。
A. 会计主体　B. 货币计量　C. 持续经营　D. 会计分期
13. 将现金存入银行,按规定应编制(　　)。
A. 银行存款收款凭证　B. 现金付款凭证　C. 现金收款凭证　D. 银行存款付款凭证
14. 下列各项不属于无形资产的是(　　)。
A. 商誉　B. 专利权　C. 土地使用权　D. 著作权
15. 借贷记账法下,资产类账户的期末余额一般在(　　)。
A. 借方　B. 增加方　C. 贷方　D. 减少方
16. 下列属于外来原始凭证的是(　　)。
A. 入库单　B. 发料汇总表　C. 出库单　D. 银行收账通知单
17. 不能采用三栏式账页的是(　　)。
A. 总账　B. 应付账款明细账　C. 现金日记账　D. 原材料明细账
18. 下列账务处理程序中,被称为最基本处理程序的是(　　)。
A. 记账凭证核算程序　B. 汇总记账凭证核算程序

C. 科目汇总表核算程序　　D. 日记账核算程序

19. 出纳员在每日业务终了时进行的清查工作属于(　　)。

A. 全面清查和定期清查　　B. 全面清查和不定期清查

C. 局部清查和不定期清查　　D. 局部清查和定期清查

20. 会计主要计量尺度是(　　)。

A. 实物量度　　B. 劳动量度　　C. 时间量度　　D. 货币量度

二、多项选择题(每小题2分,共20分)

1. 会计核算的基本前提包括(　　)。

A. 会计主体　　B. 持续经营　　C. 会计分期　　D. 货币计量

2. 下列应计入资产负债表"存货"项目的是(　　)。

A. 原材料　　B. 生产成本　　C. 制造费用　　D. 库存商品

3. 设置会计科目时应遵循的原则有(　　)。

A. 合法性原则　　B. 相关性原则　　C. 实用性原则　　D. 明晰性

4. 借贷记账法中记账符号"贷",对于下列会计要素表示增加的有(　　)。

A. 资产　　B. 负债　　C. 所有者权益　　D. 收入

5. 活页式账簿和卡片式账簿主要适用于(　　)。

A. 特种日记账　　B. 普通日记账　　C. 二级明细账　　D. 三级明细账

6. 企业到银行提取现金5 000元,此项业务应登记(　　)。

A. 现金日记账　　B. 银行存款日记账

C. 总分类账　　D. 备查账

7. 记账凭证核算程序的优点有(　　)。

A. 减轻总账登记工作　　B. 账户对应关系清晰

C. 节省账页　　D. 详细反映经济业务发生情况

8. 财产清查按清查的时间可分为(　　)。

A. 全面清查　　B. 局部清查　　C. 定期清查　　D. 不定期清查

9. 下列属于对外报表的有(　　)。

A. 资产负债表　　B. 产品成本计算表　　C. 利润表　　D. 现金流量表

10. 各单位必须加强对会计档案管理工作的领导,建立会计档案的(　　)等管理制度。

A. 立卷　　B. 归档　　C. 保管　　D. 查阅

三、判断题(每小题1分,共10分)

1. 会计核算的方法之间是相互独立的。(　　)
2. 会计科目是对会计要素的具体内容进行分类核算的项目。(　　)
3. 在借贷记账法下,账户哪一方登记增加或减少取决于账户的性质。(　　)
4. 资产和权益在数量上始终是相等的。(　　)
5. 账簿即会计账户。(　　)
6. 各种账簿都是直接根据记账凭证进行登记的。(　　)
7. 实物清查的方法主要包括实地盘点法和技术测算法。(　　)
8. 所有经济业务的发生都会引起会计等式两边发生变化。(　　)
9. 出纳人员不得兼管会计档案。(　　)
10. 所有账户都是依据会计科目开设的。(　　)

四、实训题（共50分）

实训一（每小题2分，共40分）

[资料]某企业发生如下经济业务：

1. 收到国家投入的资金100 000元，存入银行。
2. 企业用银行存款购入一台复印机，价值13 000元。
3. 用银行存款归还前欠货款36 000元。
4. 购入原材料一批，买价30 000元，增值税率17%，款项用银行存款支付，材料入库。
5. 开出现金支票到银行提取现金2 000元备用。
6. 用银行存款归还短期借款35 000元。
7. 经查企业盘亏的原材料1 000元属于自然损耗，经批准列作企业管理费用。
8. 收到乙单位交来的商业汇票一张，用来抵付其前欠货款60 000元。
9. 王红出差归来，报销差旅费630元，原借500元，不足款项补付现金。
10. 购买一项非专利技术，支付的买价及相关费用50 000元。
11. 收回丙单位前欠货款76 000元存入银行。
12. 与丁单位签订供货合同，预收货款20 000元存入银行，下月交货。
13. 以银行存款缴纳本月增值税款5 600元。
14. 向外单位出租包装物，收到押金5 400元存入银行。
15. 经批准，企业将资本公积金20 000元转增资本金。
16. 向银行借入期限为2年的借款70 000元存入银行。
17. 用库存现金发放本月职工工资9 000元。
18. 本月生产的产品完工验收入库，成本65 000元。
19. 计提本月生产车间固定资产折旧1 200元，厂部管理部门固定资产折旧800元。
20. 用库存现金230元购买办公用品。

[要求]根据上述经济业务编制会计分录。

实训二（10分）

[资料]某企业2009年6月初部分账户余额为："库存现金"300元、"银行存款"200 000元、"原材料"4 700元、"固定资产"160 000元、"生产成本"15 000元、"短期借款"10 000元、"应付账款"50 000元、"实收资本"320 000元。

本月发生如下经济业务：

1. 收到投资者投入的资金100 000元，存入银行。
2. 用银行存款60 000元购入汽车一辆。
3. 从银行提取现金4 000元。
4. 借入短期借款20 000元，存入银行。
5. 用银行存款8 000元偿还应付账款。
6. 生产产品领用材料一批，价值30 000元。
7. 购入材料一批验收入库，货款200 000元尚未支付（不考虑增值税）。
8. 用银行存款30 000元偿还短期借款。

[要求]根据经济业务编制会计分录，并编制总分类账户本期发生额及余额试算平衡表。

余额试算平衡表

2009年6月30日

单位:元

会计科目	期初余额		本期发生额		期末余额	
	借方金额	贷方金额	借方金额	贷方金额	借方金额	贷方金额
库存现金						
银行存款						
原材料						
固定资产						
生产成本						
短期借款						
应付账款						
实收资本						
合　计						

参考答案

一、单项选择题

1. C　2. C　3. B　4. C　5. D　6. C　7. A　8. C　9. D　10. D　11. B　12. A　13. B　14. A　15. A　16. D　17. D　18. A　19. D　20. D

二、多项选择题

1. ABCD　2. ABD　3. ABC　4. BCD　5. CD　6. ABC　7. BD　8. CD　9. ACD　10. ABCD

三、选择题

1. ×　2. √　3. √　4. √　5. ×　6. ×　7. √　8. ×　9. √　10. √

四、实训题

实训一

1. 借:银行存款　100 000
　　贷:实收资本　100 000
2. 借:固定资产　13 000
　　贷:银行存款　13 000
3. 借:应付账款　36 000
　　贷:银行存款　36 000
4. 借:原材料　30 000
　　应交税费——应交增值税(进项税额)　5 100
　　贷:银行存款　35 100
5. 借:库存现金　2 000
　　贷:银行存款　2 000
6. 借:短期借款　35 000
　　贷:银行存款　35 000
7. 借:管理费用　1 000
　　贷:待处理财产损益　1 000

8. 借:应收票据　60 000
　贷:应收账款——乙单位　60 000
9. 借:管理费用　630
　贷:其他应收款——王红　500
　　库存现金　130
10. 借:无形资产　50 000
　贷:银行存款　50 000
11. 借:银行存款　76 000
　贷:应收账款——丙单位　76 000
12. 借:银行存款　20 000
　贷:预收账款——丁单位　20 000
13. 借:应交税费——应交增值税(已交税金)　5 600
　贷:银行存款　5 600
14. 借:银行存款　5 400
　贷:其他应付款　5 400
15. 借:资本公积　20 000
　贷:实收资本　20 000
16. 借:银行存款　70 000
　贷:长期借款　70 000
17. 借:应付职工薪酬　9 000
　贷:库存现金　9 000
18. 借:库存商品　65 000
　贷:生产成本　65 000
19. 借:制造费用　1 200
　管理费用　800
　贷:累计折旧　2 000
20. 借:管理费用　230
　贷:库存现金　230

实训二

1. 借:银行存款　100 000
　贷:实收资本　100 000
2. 借:固定资产　60 000
　贷:银行存款　60 000
3. 借:库存现金　4 000
　贷:银行存款　4 000
4. 借:银行存款　20 000
　贷:短期借款　20 000
5. 借:应付账款　8 000
　贷:银行存款　8 000
6. 借:生产成本　30 000
　贷:原材料　30 000
7. 借:原材料　200 000

贷:应付账款 200 000

8. 借:短期借款 30 000

贷:银行存款 30 000

试算平衡表

2009 年 6 月 30 日 单位:元

会计科目	期初余额		本期发生额		期末余额	
	借方金额	贷方金额	借方金额	贷方金额	借方金额	贷方金额
库存现金	300		4 000		4 300	
银行存款	200 000		120 000	102 000	218 000	
原材料	4 700		200 000	30 000	174 700	
固定资产	160 000		60 000		220 000	
生产成本	15 000		30 000		45 000	
短期借款		10 000	30 000	20 000		
应付账款		50 000	8 000	200 000		242 000
实收资本		320 000		100 000		420 000
合计	380 000	380 000	452 000	452 000	662 000	662 000

会计从业资格考试《会计基础》模拟试卷及参考答案(第二套)

一、单项选择题(每小题1分,共20分)

1. 会计的基本职能是(　　)。
A. 控制和监督　B. 反映和核算　C. 核算和监督　D. 核算和分析
2. 设置会计科目和账户是对(　　)的具体内容进行分类核算和监督的一种专门方法。
A. 资产　B. 会计任务　C. 会计对象　D. 会计要素
3. 开设明细分类账户的依据是(　　)。
A. 总分类科目　B. 明细分类科目　C. 试算平衡表　D. 会计要素内容
4. 复式记账对任何一项经济业务登记的账户数量应是(　　)。
A. 仅为一个　B. 仅为两个　C. 两个或两个以上　D. ABC均可
5. 外来原始凭证一般都是(　　)。
A. 一次凭证　B. 累计凭证　C. 汇总原始凭证　D. 记账凭证
6. 记账后若发现记账凭证所列会计科目有误,可采用的更正方法是(　　)。
A. 红字更正法　B. 画红更正法　C. 补充登记法　D. AB均可
7. 记账凭证核算程序的特点(　　)。
A. 根据记账凭证逐笔登记总账　B. 根据记账凭证逐笔登记日记总账
C. 根据记账凭证逐笔登记明细分类账　D. 根据记账凭证逐笔登记日记账
8. 银行存款清查的方法是(　　)。
A. 日记账与总账核对　B. 日记账与收付款凭证核对
C. 日记账与银行对账单核对　D. 总分类账与收付款凭证核对
9. 我国资产负债表采用的格式一般为(　　)。
A. 单步报告式　B. 多步报告式　C. 账户式　D. 混合式
10. 会计档案是指(　　)、会计账簿和财务报告等会计核算材料。
A. 原始凭证　B. 会计凭证　C. 转账凭证　D. 科目汇总表
11. 下列不属于资产要素的有(　　)。
A. 原材料　B. 累计折旧　C. 预收账款　D. 长期股权投资
12. 假如某账户本期期初余额为5 600元,本期期末余额为5 700元,本期减少发生额为800元,则该账户本期增加发生额为(　　)。
A. 900　B. 10 500　C. 700　D. 12 100
13. 借贷记账法余额试算平衡的依据是(　　)。
A. 资金运动变化规律　B. 会计等式平衡原理　C. 会计账户结构　D. 平行登记基本原理
14. 填制原始凭证时应做到大小写数字符合规范,填写正确。如大写金额“壹仟零陆元捌角整”,其小写应为(　　)。
A. 1 006.80元　B. ¥1 006.80　C. 1 006.8　D. 1 006.8元
15. “生产成本”明细账应该采用的格式为(　　)。
A. 三栏式　B. 多栏式　C. 数量金额式　D. 任意格式
16. 科目汇总表的基本编制方法是(　　)。
A. 按照不同的会计科目进行归类定期汇总　B. 按照相同的会计科目进行归类定期汇总
C. 按照借方会计科目进行归类定期汇总　D. 按照贷方的会计科目进行归类定期汇总

17. 盘盈的库存商品经批准后，应贷记的会计科目是（　　）。
A. 管理费用　B. 营业外支出　C. 营业外收入　D. 待处理财产损益
18. 企业外购存货在运输途中的合理损耗应计入（　　）。
A. 管理费用　B. 营业外支出　C. 采购成本　D. 其他业务成本
19. 企业现金日记账和银行存款日记账的保管期限为（　　）。
A. 15 年　B. 3 年　C. 25 年　D. 永久
20. 会计日常核算工作的起点是（　　）。
A. 填制会计凭证　B. 财产清查
C. 登记账簿　D. 设置会计科目与账户

二、多项选择题（每小题 2 分，共 20 分）

1. 会计核算职能的一般特征是（　　）。
A. 具有客观性　B. 具体体现在记账、算账、报账三个阶段上
C. 以货币为主要计量单位　D. 具有连续性、系统性、全面性
2. 属于企业流动资产的是（　　）。
A. 存放在银行的存款　B. 企业的办公大楼
C. 存放在仓库的生产用材料　D. 厂房和机器
3. 下列属于会计核算方法的是（　　）。
A. 试算平衡　B. 复式记账　C. 填制和审核凭证　D. 编制会计报表
4. 总分类账户与明细分类账户平行登记的要点有（　　）。
A. 依据相同　B. 期间相同　C. 方向相同　D. 金额相等
5. 下列科目中可能成为付款凭证借方科目的有（　　）。
A. 库存现金　B. 银行存款　C. 应付账款　D. 销售费用
6. 对费用类账户而言，（　　）。
A. 费用的增加记入借方　B. 费用的减少记入借方
C. 期末一般无余额　D. 费用的减少记入贷方
7. 账簿按用途不同可分为（　　）。
A. 序时账簿　B. 分类账簿　C. 订本账簿　D. 备查账簿
8. 企业选用哪一种账务处理程序，应符合以下要求（　　）。
A. 与单位规模大小、业务繁简程度相适应　B. 有利于满足对账的要求
C. 保证账务处理各个环节高度衔接　D. 保证会计信息的质量
9. 核对账目法适用于（　　）的清查。
A. 预付账款　B. 库存现金　C. 银行存款　D. 短期借款
10. 下列内容属于会计档案的有（　　）。
A. 会计凭证　B. 会计账簿　C. 生产计划　D. 会计档案保管清册

三、判断题（每小题 1 分，共 10 分）

1. 会计的对象是指会计所核算和监督的内容。（　　）
2. 企业取得收入就意味着会形成利润。（　　）
3. 会计凭证分为自制凭证和外来凭证。（　　）
4. 资产负债表中的资产是按重要性原则进行排列的。（　　）
5. 有借必有贷，借贷必相等是借贷记账法的记账规则。（　　）
6. 所有账户左方均记录增加数，右方均记录减少数。（　　）
7. 总分类账、库存现金及银行存款日记账一般都采用活页式账簿。（　　）

8. 为保证总账与其所属明细账的记录相符，总账应根据所属明细账登记。（　　）
9. 盘盈、盘亏的原材料通过待处理财产损益科目进行核算。（　　）
10. 记账只能用蓝黑墨水且用钢笔书写，不允许用铅笔或圆珠笔记账。（　　）

四、实训题（共50分）

实训一（每小题2分，共40分）

[资料]某企业发生如下经济业务：

1. 企业销售产品一批，货款20 000元，销项税额3 400元，款已存入银行。
2. 收到长虹厂汇来预付货款30 000元，款已存入银行。
3. 以库存现金80元，支付销售部门办公费。
4. 以银行存款10 000元，支付产品广告费。
5. 以银行存款4 500元，拨付子弟学校办学经费。
6. 计提本月生产车间固定资产折旧1 200元，厂部固定资产折旧600元。
7. 处理积压材料获得收入8 000元，款已收存银行。
8. 企业用银行存款归还长期借款60 000元。
9. 购入材料一批，买价30 000元，增值税率17%，运杂费430元，款以银行存款支付，料已入库。
10. 开出现金支票到银行提取现金2 000元备用。
11. 企业生产车间领用原材料300元，用于一般维护。
12. 收到乙单位交来的转账支票一张，偿付其前欠货款60 000元。
13. 王芳出差归来，报销差旅费330元，原借500元，多余款项返还现金。
14. 生产产品领用材料10 000元。
15. 用银行存款支付当月应负担的借款利息320元。
16. 企业接受一项商标权捐赠，估价200 000元。
17. 用库存现金支付租入包装物押金900元。
18. 将营业外收入23 000元转入本年利润。
19. 用银行存款3 000元购买办公用品。
20. 分配工资费用30 000元。其中：生产工人工资20 000元，车间管理人员工资2 000元，行政管理人员工资8 000元。

[要求]根据上述经济业务编制会计分录。

实训二（10分）

[资料]某企业在对账过程中发现下列经济业务的凭证内容或账簿记录有误：

1. 开出现金支票1 200元支付行政部门购买的办公用品。原记账凭证的记录为：

借：管理费用　　2 100
　　贷：库存现金　　2 100

2. 以银行存款400 000元购入机器一台。原记账凭证的记录为：

借：固定资产　　40 000
　　贷：银行存款　　40 000

3. 以现金支付业务招待费980元。原记账凭证的记录为：

借：销售费用　　980
　　贷：库存现金　　980

4. 生产产品领用材料4 000元。原记账凭证的记录为：

借:生产成本 4 000

贷:原材料 4 000

但“生产成本”总账中的记录为借方发生 40 000 元。

[要求]说明上述错误应采用何种错账更正方法并进行更正。

参考答案

一、单项选择题

1. C 2. D 3. B 4. C 5. A 6. A 7. A 8. C 9. C 10. B 11. C 12. A 13. B 14. B 15. B 16. B 17. A 18. C 19. C 20. A

二、多项选择题

1. ABCD 2. AC 3. BCD 4. ABCD 5. ABCD 6. ACD 7. ABD 8. ABCD 9. ACD 10. ABD

三、选择题

1. √ 2. × 3. × 4. × 5. √ 6. × 7. × 8. × 9. √ 10. √

四、实训题

实训一

1. 借:银行存款 23 400

贷:主营业务收入 20 000

应交税费——应交增值税(销项税额) 3 400

2. 借:银行存款 30 000

贷:预收账款 30 000

3. 借:销售费用 80

贷:库存现金 80

4. 借:销售费用 10 000

贷:银行存款 10 000

5. 借:营业外支出 4 500

贷:银行存款 4 500

6. 借:制造费用 1 200

管理费用 600

贷:累计折旧 1 800

7. 借:银行存款 8 000

贷:其他业务收入 8 000

8. 借:长期借款 60 000

贷:银行存款 60 000

9. 借:原材料 30 430

应交税费——应交增值税(进项税额) 5 100

贷:银行存款 35 530

10. 借:库存现金 2 000

贷:银行存款 2 000

11. 借:制造费用 300

贷:原材料 300

12. 借:银行存款 60 000

贷:应收账款——乙单位　　60 000

13. 借:管理费用　　330

库存现金　　170

贷:其他应收款——王芳　　500

14. 借:生产成本　　10 000

贷:原材料　　10 000

15. 借:财务费用　　320

贷:银行存款　　320

16. 借:无形资产　　200 000

贷:资本公积　　200 000

17. 借:其他应收款　　900

贷:库存现金　　900

18. 借:营业外收入　　23 000

贷:本年利润　　23 000

19. 借:管理费用　　3 000

贷:银行存款　　3 000

20. 借:生产成本　　20 000

制造费用　　2 000

管理费用　　8 000

贷:应付职工薪酬　　30 000

实训二

1. 采用红字更正法更正。填制一张金额为 900 元的红字记账凭证据以登记账簿,冲销多记金额。

借:管理费用　　[900]

贷:库存现金　　[900]

2. 采用补充登记法更正。填制一张金额为 360 000 元的记账凭证据以登记账簿,补记少记金额。

借:固定资产　　360 000

贷:银行存款　　360 000

3. 采用红字更正法更正。先填制一张与原记账凭证完全相同的红字记账凭证据以登记账簿,冲销错误记录;再填制一张正确的记账凭证据以登记账簿。

借:销售费用　　[980]

贷:库存现金　　[980]

借:管理费用　　980

贷:库存现金　　980

4. 采用画线更正法更正。直接在账簿记录中画线(红线)更正(蓝字)。

会计从业资格考试《会计基础》模拟试卷及参考答案(第三套)

一、单项选择题(每小题 1 分,共 20 分)

1. 会计的一般对象可以概括为(　　)。
A. 预算资金的收支　　B. 商品流通领域的资金运动
C. 生产领域的资金运动　　D. 社会再生产过程中的资金运动

2. 会计主体是指会计所服务的(　　)。
A. 投资者　　B. 债权人　　C. 债务人　　D. 特定单位

3. 引起资产与负债或所有者权益同时减少的经济业务是(　　)。
A. 以银行存款偿还前欠供货单位的购料款　　B. 售出产品货款尚未收到
C. 从银行提取现金　　D. 以银行存款购入材料

4. 把账户分为借贷两方,哪一方记增加数,哪一方记减少数,取决于(　　)。
A. 记账形式　　B. 核算方法　　C. 账户性质　　D. 记账规则

5. 在同一张凭证中,连续记载一定时期内许多同类的、重复的经济业务,直到期末求出总数后才能作为记账依据的自制原始凭证,称为(　　)。
A. 原始凭证汇总表　　B. 累计凭证　　C. 汇总记账凭证　　D. 复式凭证

6. 现金日记账、银行存款日记账和总分类账都必须采用(　　)账簿。
A. 数量金额式　　B. 活页式　　C. 订本式　　D. 卡片式

7. 对财产物资的收发都有严格的手续,且在账簿中有连续的记载便于确定结存数的制度是(　　)。
A. 永续盘存制　　B. 实地盘存制　　C. 权责发生制　　D. 收付实现制

8. 各种账务处理程序之间的主要区别是(　　)。
A. 总账的格式不同　　B. 登记总账的依据不同
C. 会计凭证的种类不同　　D. 编制会计报表的依据不同

9. 按经济业务发生时间的先后顺序,逐日、逐笔进行登记的账簿是(　　)。
A. 明细分类账　　B. 序时账　　C. 总分类账　　D. 备查账

10. “原材料”明细分类账,一般使用的账簿格式是(　　)。
A. 多栏式　　B. 数量金额式　　C. 三栏式　　D. 横线登记式

11. 银行存款日记账与银行对账单之间的核对属于(　　)。
A. 账实核对　　B. 账证核对　　C. 账账核对　　D. 账单核对

12. 损益表是反映企业(　　)经营成果的报表。
A. 一定日期　　B. 特定时期内　　C. 一年内　　D. 一定期间

13. 序时账簿按其内容的不同分为(　　)。
A. 普通日记账和特种日记账　　B. 现金日记账和银行存款日记账
C. 普通日记账和日记总账　　D. 三栏式日记账和多栏式日记账

14. 按经济内容分类,“累计折旧”账户属于(　　)类账户。
A. 费用　　B. 资产　　C. 负债　　D. 利润

15. 通过试算平衡能够检查出的错误记录有(　　)。
A. 重记某项经济业务　B. 借贷方向相反　C. 漏记某项经济业务　D. 借贷金额不等

16. 单位在清产核资、重组、合并时,一般应进行财产的(　　)。

A. 局部清查　B. 抽查　C. 重点清查　D. 全面清查

17. 组织会计凭证传递,应遵循(　　)原则。

A. 重要性　B. 及时性　C. 内部牵制　D. 权责发生制

18. 在外商投资企业,企业记录应当符合的规定是(　　)。

A. 只能使用中文　B. 在中文和外文中任选一种

C. 只能使用外文　D. 使用中文,也可以使用某种外文

19. 记账凭证又称(　　)。

A. 单据　B. 单证　C. 票据　D. 传票

20. 记账凭证的填制是由(　　)完成的。

A. 出纳人员　B. 会计人员　C. 经办人员　D. 主管人员

二、多项选择题(每小题 2 分,共 20 分)

1. 以下哪些属于会计信息质量要求(　　)。

A. 真实性　B. 相关性　C. 可比性　D. 重要性

2. 会计的特点是(　　)。

A. 以货币为主要计量

B. 其核算具有完整性、连续性和系统性

C. 严格地以凭证为依据

D. 对经济活动进行事中和事后监督

3. 属于原始凭证的有(　　)。

A. 收款收据　B. 限额领料单　C. 收款凭证　D. 供货单位发货票

4. 借贷记账法下账户贷方登记(　　)。

A. 资产的增加　B. 收入的增加　C. 费用的减少　D. 所有者权益增加

5. 下列属于按用途分类的账簿是(　　)。

A. 备查簿　B. 分类账簿　C. 订本账簿　D. 序时账簿

6. 下列属于会计分录要素的是(　　)。

A. 借贷方向　B. 科目名称　C. 金额　D. 经济业务内容

7. 留存收益包括的内容有(　　)。

A. 投入资本　B. 资本公积金　C. 未分配利润　D. 盈余公积金

8. 企业资金运动所引起会计要素之间的变化类型有(　　)。

A. 资产与负债同增或同减　B. 资产与所有者权益同增或同减

C. 负债与所有者权益此增彼减　D. 负债与负债之间此增彼减

9. 按照国际惯例并结合我国的情况,企业在组织会计核算时,应以下列条件为前提(　　)。

A. 会计分期　B. 会计主体　C. 持续经营　D. 货币计量

10. 商业汇票按承兑人的不同可分为(　　)。

A. 银行承兑汇票　B. 商业承兑汇票　C. 带息商业汇票　D. 不带息商业汇票

三、判断题(每小题 1 分,共 10 分)

1. 没有会计监督,会计反映便失去了其存在的意义。(　　)

2. 会计主体是指会计所核算和监督的特定单位或者组织。(　　)

3. 企业可以将银行存款账户暂时出借给其他单位使用。(　　)

4. 长期借款账户不属于资产类账户。(　　)

5. 企业所有者权益类账户期末余额均在贷方。(　　)

6. 原始凭证不得外借,其他单位如因特殊原因需要使用时,经本单位领导批准后方可

外借。(　　)

7. 结账前若发现账簿中所记文字或数字有错误,而记账凭证正确,可用画线更正法更正。(　　)

8. 各种账务处理程序下采用的总分类账均为借、贷、余三栏式。(　　)

9. 对于应由保险公司赔偿的盘亏财产,经批准应列入营业外支出。(　　)

10. 资产负债表"期末数"栏各项目主要是根据总账或有关明细账期末贷方余额直接填列的。(　　)

四、实训题　(共50分)

实训一(每小题2分,共40分)

[资料]某企业发生如下经济业务:

1. 企业收到国家投入的商标使用权,价值100 000元。
2. 开出现金支票2 000购买办公用品。
3. 将盈余公积40 000元转作资本金。
4. 生产车间领用材料10 000元投入生产。
5. 企业在财产清查中,盘盈材料一批,估价600元。
6. 企业盘亏的机器设备10 000元属于自然灾害造成,经批准列作营业外支出。
7. 本月生产的产品完工验收入库,成本65 000元。
8. 没收逾期未退的包装物押金150元。
9. 用银行存款支付违约罚款600元。
10. 结转已销产品成本45 322元。
11. 企业向银行取得短期借款30 000元直接偿还前欠某单位货款。
12. 结转主营业务收入200 000元。
13. 结转本月职工工资40 000元,其中生产工人工资30 000元,车间管理人员工资4 000元,厂部管理人员工资6 000元。
14. 按工资总额的14%计提职工福利费。
15. 期末结转制造费用9 200元。
16. 以银行存款缴纳消费税9 210元。
17. 以银行存款支付产品销售过程中的运费800元。
18. 以银行存款支付房租3 000元,其中:办公用房租金1 000元,车间用房租金2 000元。
19. 按税后净利润130 000的10%提取盈余公积金。
20. 期末,企业计算应付投资者现金股利4 000元。

[要求]根据上述经济业务编制会计分录。

实训二(10分)

[资料]某企业2009年9月30日银行存款日记账余额为360 000元,银行转来的对账单余额为380 000元。经逐笔核对,发现有下列未达账项。

1. 银行代收销货款89 000元已入账,企业未接到收账通知,未入账。
2. 银行代付购料款36 000元已入账,企业未接到付款通知,未入账。
3. 企业收到购货方转账支票一张,金额为35 000元,已入账,但银行未入账。
4. 企业以转账支票购买办公用品,金额为2 000元,已入账,但银行未入账。

[要求]根据上述资料编制银行存款余额调节表。

银行存款余额调节表

年　月　日　　　　单位:元

项　目	金　额	项　目	金　额
银行存款日记账余额		银行对账单余额	
加:		加:	
减:		减:	
调节后余额		调节后余额	

参考答案

一、单项选择题

1. D　2. D　3. A　4. C　5. B　6. C　7. A　8. B　9. B　10. B　11. A　12. D　13. A　14. B　15. D　16. D　17. B　18. D　19. D　20. B

二、多项选择题

1. ABCD　2. ABC　3. ABD　4. BCD　5. ABD　6. ABC　7. CD　8. ABCD　9. ABCD　10. AB

三、判断题

1. √　2. √　3. ×　4. √　5. ×　6. ×　7. √　8. √　9. ×　10. ×

四、实训题

实训一

1. 借:无形资产	100 000	
贷:实收资本		100 000
2. 借:管理费用	2 000	
贷:银行存款		2 000
3. 借:盈余公积	40 000	
贷:实收资本		40 000
4. 借:生产成本	10 000	
贷:原材料		10 000
5. 借:原材料	600	
贷:待处理财产损益		600
6. 借:营业外支出	10 000	
贷:待处理财产损益		10 000
7. 借:库存商品	65 000	
贷:生产成本		65 000
8. 借:其他应付款	150	
贷:营业外收入		150
9. 借:营业外支出	600	
贷:银行存款		600
10. 借:主营业务成本	45 322	
贷:库存商品		45 322
11. 借:应付账款	30 000	
贷:短期借款		30 000

12. 借:主营业务收入　200 000
　　贷:本年利润　200 000
13. 借:生产成本　30 000
　　制造费用　4 000
　　管理费用　6 000
　　贷:应付职工薪酬——工资　40 000
14. 借:生产成本　4 200
　　制造费用　560
　　管理费用　840
　　贷:应付职工薪酬——福利费　5 600
15. 借:生产成本　9 200
　　贷:制造费用　9 200
16. 借:应交税费——应交消费税　9 210
　　贷:银行存款　9 210
17. 借:销售费用　800
　　贷:银行存款　800
18. 借:制造费用　2 000
　　管理费用　1 000
　　贷:银行存款　3 000
19. 借:利润分配——提取盈余公积　13 000
　　贷:盈余公积　13 000
20. 借:利润分配——应付现金股利　4 000
　　贷:应付股利　4 000

实训二

银行存款余额调节表

2009 年 9 月 30 日　　单位:元

项　目	金　额	项　目	金　额
银行存款日记账余额	360 000	银行对账单余额	380 000
加:银行已收、企业未收	89 000	加:企业已收、银行未收	35 000
减:银行已付、企业未付	36 000	减:企业已付、银行未付	2 000
调节后余额	413 000	调节后余额	413 000

会计从业资格考试《会计基础》模拟试卷及参考答案(第四套)

一、单项选择题(每小题1分,共20分)

1. 年度内某月末,若“本年利润”账户有贷方余额,则表示(　　)。
A. 企业实现的利润总额　　B. 企业实现的营业利润
C. 企业发生的亏损总额　　D. 企业实现的净利润

2. 会计在反映一个单位经济活动时主要使用(　　)。
A. 劳动量度　　B. 实物量度　　C. 货币量度　　D. 技术量度

3. 对会计要素的具体内容进行分类核算的项目称为(　　)。
A. 账户　　B. 会计项目　　C. 会计科目　　D. 会计要素项目

4. 各种会计核算程序之间的主要区别在于(　　)。
A. 总账的格式不同　　B. 登记总账的依据不同
C. 会计凭证的种类不同　　D. 编制会计报表的依据不同

5. 商业汇票的付款期限,最长不得超过(　　)。
A. 一年　　B. 半年　　C. 三个月　　D. 一个月

6. 固定资产的基本计量属性是(　　)。
A. 历史成本　　B. 重置完全价值　　C. 账面价值　　D. 可变现净值

7. 预付账款不多的企业,可以不设“预付账款”科目,而将预付的款项记入(　　)。
A.“应付账款”借方　　B.“应付账款”贷方　　C.“应收账款”借方　　D.“应收账款”贷方

8. 银行承兑汇票到期,企业足额支付票款时,应借记(　　)账户,贷记“银行存款”账户。
A. 应付票据　　B. 应收票据　　C. 其他货币资金　　D. 库存现金

9. 会计档案保管期限分为永久和定期两类。定期保管的会计档案,最长期限为(　　)。
A. 5年　　B. 10年　　C. 15年　　D. 25年

10. 我国会计年度的期间是(　　)。
A. 自公历4月1日起至次年的3月31日止　　B. 自公历1月1日起至12月31日止
C. 自公历10月1日起至次年的9月31日止　　D. 自公历6月1日起至次年的5月31日止

11. 会计凭证按(　　)分类,分为原始凭证和记账凭证。
A. 用途和填制程序　　B. 形成来源　　C. 取得方式　　D. 填制方式

12. 下列原始凭证中,属于累计凭证的是(　　)。
A. 收料单　　B. 发货单　　C. 领料单　　D. 限额领料单

13. 以下不符合借贷记账法记账规则的是(　　)。
A. 资产和权益同时减少,总额减少　　B. 资产与负债一增一减,总额增加
C. 资产与权益同时增加,总额增加　　D. 权益内部一增一减,总额不变

14. 下列错误中能够通过试算平衡表查找的有(　　)。
A. 重记经济业务　　B. 漏记经济业务　　C. 借贷方向相反　　D. 借贷金额不等

15. 收益类账户的结构与所有者权益类账户的结构(　　)。
A. 完全一致　　B. 相反　　C. 基本相同　　D. 无关

16. 汇总记账凭证核算程序适用于(　　)的企业。
A. 规模较大、经济业务较多　　B. 规模较小、经济业务不多
C. 规模较大、经济业务不多　　D. 规模较小、经济业务较多

17. 企业承担短期借款利息时,应计入(　　)。
A. 管理费用　B. 制造费用　C. 财务费用　D. 销售费用
18. 材料采购费用计入(　　)。
A. 管理费用　B. 销售费用　C. 采购成本　D. 制造费用
19. 多栏式账簿最适用于登记(　　)。
A. 债权债务明细账　B. 成本费用明细账　C. 财产明细账　D. 总分类账
20. 月末结账后应无余额的账户是(　　)。
A. 应交税费　B. 生产成本　C. 管理费用　D. 应收账款

二、多项选择题(每小题2分,共20分)

1. 下列账簿中,由出纳人员登记的是(　　)。
A. 现金日记账　B. 银行存款日记账　C. 总分类账　D. 明细分类账
2. 所有者权益与负债有着本质的不同,即(　　)。
A. 两者性质不同　B. 两者享受的权利不同
C. 两者风险程度不同　D. 两者对企业资产要求权的顺序不同
3. 下列项目中,影响营业利润的有(　　)。
A. 投资收益　B. 财务费用　C. 主营业务收入　D. 管理费用
4. 账户结构一般包括以下内容(　　)。
A. 凭证号数　B. 日期　C. 摘要　D. 增减金额和余额
5. 企业用银行存款偿还应付账款,发生变化的会计要素有(　　)。
A. 资产增加　B. 资产减少　C. 负债增加　D. 负债减少
6. 记账凭证应该是(　　)。
A. 根据审核无误的原始凭证填制　B. 由会计人员填制
C. 经济业务发生时填制的　D. 作为登记账簿的直接依据
7. 采用画线更正法,其要点是(　　)。
A. 在错误的文字或数字(单个数字)上画一条红线注销
B. 在错误的文字或数字(整个数字)上画一条红线注销
C. 将正确的文字或数字用蓝色字写在画线的上端
D. 更正人在画线处盖章
8. 企业选用哪一种账务处理程序,应符合以下要求(　　)。
A. 与单位规模大小、业务繁简程序相适应　B. 有利于满足对账的要求
C. 保证会计信息的披露　D. 保证账务处理各个环节相衔接
9. 利润表中的项目共分为(　　)等层次。
A. 营业收入　B. 营业利润　C. 利润总额　D. 净利润
10. 编制财务报表的基本要求为(　　)等。
A. 真实可靠　B. 相关可比　C. 全面完整　D. 编报及时

三、判断题(每题1分,共10分)

1. 业务收支以外币为主的企业,可选择一种外币作为记账本位币,但编制的会计报表应当折算为人民币反映。(　　)

2. 企业所编制的记账凭证都必须附有原始凭证。(　　)

3. 会计确认、计量和报告的基础是收付实现制。(　　)

4. 对账是指总分类账和明细账的核对。(　　)

5. 若试算平衡表各栏借方合计数与贷方合计数都相等,则表明账户记录无错误。(　　)

6. 账户之间的相互依存关系称为账户的对应关系。(　　)

7. 记账凭证的填制日期与原始凭证的填制日期应当相同。(　　)

8. 明细账必须逐日逐笔登记,总账必须定期汇总登记。(　　)

9. 科目汇总表也是一种具有汇总性质的记账凭证。(　　)

10. 盘盈盘亏的库存现金应通过其他应付款和其他应收款科目进行核算。(　　)

四、实训题(共50分)

实训一(每小题2分,共40分)

[资料]某企业本月发生的部分经济业务如下:

1. 以银行存款偿还短期借款20 000元。
2. 收到甲公司的转账支票一张,金额为400 000元,作为对本企业的投资。
3. 以银行存款向"希望工程"捐款10 000元。
4. 从开户银行电汇货款给某单位,用银行存款支付手续费230元。
5. 结转本月应付专设销售机构职工工资6 000元,并按工资的14%计提职工福利费。
6. 以银行存款1 000元,支付行政管理部门办公费。
7. 以库存现金200元支付销售产品的运费。
8. 计算出本月应交所得税为34 980元。
9. 收到投资者投入的全新机器设备一台,价值100 000元。
10. 财产清查中发现原材料短缺800元。
11. 经查,在财产清查中短缺的原材料800元属于管理人员过失造成,经批准由过失人赔偿。
12. 购进材料一批,买价70 000元,增值税11 900元,对方代垫运费500元,材料已验收入库,货款通过银行支付。
13. 总经理出差借款5 000元。
14. 产品完工入库,其生产成本为340 000元。
15. 企业以银行存款支付税款滞纳金25 600元。
16. 现金清查中盘盈库存现金100元。
17. 商业汇票到期,以银行存款偿付票款8 790元。
18. 以银行存款购入全新设备一台,买价90 000元,增值税15 300元,当即投入使用。
19. 结转本月主营业务成本56 990元。
20. 年末按净利润计提的法定盈余公积金为22 000元。

[要求]根据经济业务编制会计分录。

实训二(10分)

[资料]某企业11月1日结存甲材料250件,单价10元,结存金额为2 500元。

11月甲材料收发情况如下:

8日,购进300件,单价12元。

16日,发出300件。

19日,购进500件,单价13元。

22日,发出500件。

[要求]分别采用先进先出法和全月一次加权平均法计算11月份发出甲材料的成本和月末结存甲材料成本。

参考答案

一、单项选择题

1. A　2. C　3. C　4. B　5. B　6. A　7. A　8. A　9. D　10. B　11. A　12. D　13. B　14. D　15. C　16. A　17. C　18. C　19. B　20. C

二、多项选择题

1. AB　2. ABCD　3. ABCD　4. ABCD　5. BD　6. ABD　7. BCD　8. ABCD　9. ABCD　10. ABCD

三、判断题

1. √　2. ×　3. ×　4. ×　5. ×　6. √　7. ×　8. ×　9. √　10. ×

四、实训题

实训一

1. 借:短期借款　20 000
　贷:银行存款　20 000
2. 借:银行存款　400 000
　贷:实收资本　400 000
3. 借:营业外支出　10 000
　贷:银行存款　10 000
4. 借:财务费用　230
　贷:银行存款　230
5. 借:销售费用　6 840
　贷:应付职工薪酬——工资　6 000
　　　　　　　——福利费　840
6. 借:管理费用　1 000
　贷:银行存款　1 000
7. 借:销售费用　200
　贷:库存现金　200
8. 借:所得税费用　34 980
　贷:应交税费——应交所得税　34 980
9. 借:固定资产　100 000
　贷:实收资本　100 000
10. 借:待处理财产损益　800
　贷:原材料　800
11. 借:其他应收款　800
　贷:待处理财产损益　800
12. 借:原材料　70 500
　应交税费——应交增值税(进项税额)　11 900
　贷:银行存款　82 400
13. 借:其他应收款　5 000
　贷:库存现金　5 000
14. 借:库存商品　340 000
　贷:生产成本　340 000

15. 借:营业外支出 25 600
    贷:银行存款 25 600
16. 借:库存现金 100
    贷:待处理财产损益 100
17. 借:应付票据 8 790
    贷:银行存款 8 790
18. 借:固定资产 90 000
    应交税费——应交增值税(进项税额) 15 300
    贷:银行存款 105 300
19. 借:本年利润 56 990
    贷:主营业务成本 56 990
20. 借:利润分配——提取法定盈余公积 22 000
    贷:盈余公积 22 000

实训二

先进先出法:

发出材料成本 = 250 × 10 + 50 × 12 + 250 × 12 + 250 × 13 = 2 500 + 600 + 3 000 + 3 250 = 9 350

结存材料成本 = 250 × 13 = 3 250

加权平均法:

加权平均单价 = (2 500 + 3 600 + 6 500)/(250 + 300 + 500) = 12

发出材料成本 = 800 × 12 = 9 600

结存材料成本 = 250 × 12 = 3 000

会计从业资格考试《会计基础》模拟试卷及参考答案(第五套)

一、单项选择题(每小题1分,共20分)

1. 会计以(　　)作为主要计量单位。
A. 实物计量　B. 劳动计量　C. 货币计量　D. 时间计量

2. 我国统一使用的记账方法为(　　)。
A. 单式记账法　B. 增减记账法　C. 收付记账法　D. 借贷记账法

3. 会计档案保管清册保管的期限为(　　)。
A. 3年　B. 5年　C. 15年　D. 永久

4. 对库存现金清查应采用的方法是(　　)。
A. 实地盘点法　B. 实地盘存制　C. 技术推算法　D. 查询核对法

5. 期末编制资产负债表,当"预收账款"有借方期末余额时,应将其填入(　　)账户。
A. 预收账款　B. 应收账款　C. 其他应收款　D. 预付账款

6. 原材料明细账一般采用的格式是(　　)。
A. 三栏式　B. 多栏式　C. 横线登记式　D. 数量金额式

7. 企业收到投资者投入资本,将引起(　　)。
A. 资产增加、所有者权益增加　B. 资产增加、所有者权益减少
C. 资产增加、负债增加　D. 资产增加、负债减少

8. 应收票据是指企业在采用(　　)结算方式下,因销售产品等收到的票据。
A. 商业汇票　B. 银行汇票　C. 银行本票　D. 支票

9. 将现金存入银行这一项业务,应填制的记账凭证是(　　)。
A. 库存现金付款凭证　B. 库存现金收款凭证
C. 银行存款收款凭证　D. 转账凭证

10. 材料在运输途中发生的定额内合理损耗,应计入(　　)。
A. 管理费用　B. 营业外支出　C. 采购成本　D. 制造费用

11. 企业接受捐赠的原材料,应贷记(　　)。
A. 营业外收入　B. 其他业务收入　C. 实收资本　D. 资本公积

12. 凡在结账前发现记账凭证正确而登记账簿发生错误的,可用(　　)更正。
A. 补充登记法　B. 画线更正法　C. 红字更正法　D. 涂改法

13. 与固定资产具有同样属性,是企业劳动资料的存货是(　　)。
A. 包装物　B. 燃料　C. 低值易耗品　D. 自制半成品

14. 一般纳税人购入固定资产所支付的增值税应计入(　　)。
A. 应交税费　B. 营业外支出　C. 管理费用　D. 固定资产成本

15. 以下折旧方法中属于加速折旧法的有(　　)。
A. 双倍余额递减法　B. 直线法　C. 平均年限法　D. 工作量法

16. 账簿中的文字或数字不要顶格书写,一般占格宽的(　　)。
A. 3/4　B. 2/3　C. 1/2　D. 3/5

17. 下列支出属于资本性支出的有(　　)。
A. 购入设备　B. 支付工资　C. 支付水电费　D. 支付短期借款利息

18. 科目汇总表核算程序的特点是(　　)。

A. 根据记账凭证登记总账　B. 根据科目汇总表登记总账
C. 根据汇总记账凭证登记总账　D. 根据记账凭证逐日逐笔登记日记总账

19. 下列各项中,不属于所有者权益的是(　　)。
A. 投资人权益　B. 债权人权益　C. 资本公积金　D. 盈余公积金

20. 下列项目中,属于工业企业其他业务收入的是(　　)。
A. 罚款收入　B. 出售固定资产收入
C. 出租无形资产收入　D. 保险赔偿收入

二、多项选择题(每小题2分,共40分)

1. 下列属于存货的是(　　)。
A. 原材料　B. 库存商品　C. 运输工具　D. 生产成本

2. (　　)不属于财政部统一制定的会计科目。
A. 制造费用　B. 银行借款　C. 利润　D. 销售费用

3. 企业以银行存款偿还应付账款时,会计要素变化类型是(　　)。
A. 资产增加　B. 资产减少　C. 负债增加　D. 负债减少

4. 下列属于会计主体的是(　　)。
A. 某个政府部门　B. 某个事业单位　C. 企业集团　D. 合伙企业

5. 全面清查的对象包括(　　)。
A. 货币资金　B. 各种实物资产　C. 往来款项　D. 在途物资

6. 下列属于会计核算前提的是(　　)。
A. 会计主体　B. 持续经营　C. 会计分期　D. 会计计量

7. 有用性原则,又称相关性原则,是指会计核算提供的会计信息,应当(　　)。
A. 满足债权人了解企业经营情况的需要
B. 满足投资者了解企业财务状况和经营成果的需要
C. 满足财政、税务等部门了解企业财务状况和经营成果的需要
D. 满足企业加强内部经营管理的需要

8. 多栏式明细分类账页又分为(　　)。
A. 借方多栏　B. 借方和贷方均为多栏
C. 贷方多栏　D. 借方和贷方均为三栏

9. 以下几种情况,需要进行全面清查(　　)。
A. 单位撤销、合并　B. 单位主要领导调离工作
C. 更换仓库保管员　D. 年终结算前

10. 在借贷记账法下,"借"表示(　　)。
A. 权益增加　B. 成本费用增加　C. 资产增加　D. 收入增加

三、判断题(每小题1分,共10分)

1. 会计分录包括经济业务涉及的账户名称、记账方向和金额三方面的内容。(　　)

2. 一借多贷或多借一贷的会计分录不能反映账户的对应关系。(　　)

3. 原始凭证是登记日记账、明细账的依据。(　　)

4. 在一笔经济业务中,如果涉及现金和银行存款的收付,又涉及转账业务时,应同时填制收(付)款凭证和转账凭证。(　　)

5. 现金流量表中的现金是指资产负债表中的货币资金。(　　)

6. 三栏式账簿一般适用于费用、成本等明细账。(　　)

7. 各种账务处理程序之间的区别在于编制会计报表的依据和方法不同。(　　)

8. 企业所有者权益增加时,必然表现为企业资产的增加或负债的减少。(   )
9. "收入 - 费用 = 利润"这一会计等式,是编制利润表的基础。(   )
10. 登记账簿时发生了空行或隔页,一定要补充登记,不得注销。(   )

四、实训题(共50分)

实训一(每题2分,共40分)

[资料]某企业本月发生下列经济业务:

1. 向银行借入期限为三年的借款200 000元直接用于在建工程。
2. 购入材料一批,买价30 000元,增值税率17%,款项用前预付款结清,料未入库。
3. 以库存现金支付购入材料的运杂费420元,料尚未入库。
4. 以银行存款支付车间本月水电费320元。
5. 企业收到华侨捐赠的现金40 000元存入银行。
6. 销售产品一批,售价65 000元,增值税率17%,以库存现金垫付运费890元,款项尚未收到。
7. 以银行存款100 000元偿还前欠银行期限为9个月的借款。
8. 以银行存款支付广告宣传费3 000元。
9. 企业购入一台不需要安装的设备,买价60 000元,增值税10 200元,运费490元,款未付。
10. 企业计提本月车间用固定资产折旧3 400元,行政部门用固定资产折旧650元,经营性租出固定资产折旧120元。
11. 以银行存款预付下年度财产保险费20 000元。
12. 面值为30 000元的商业承兑汇票到期,企业无力偿还,将其转为应付账款。
13. 企业出租设备一台,收到押金5 000元存入银行。
14. 期末结转制造费用4 320元。
15. 期末结转已销产品成本899 030元。
16. 期末结转管理费用9 800元。
17. 以银行存款支付违约罚款3 000元。
18. 期末结转所得税费用8 630元。
19. 期末结转本年利润239 870元。
20. 期末按规定比例提取的法定盈余公积金为23 987元。

[要求]根据经济业务编制会计分录。

实训二(10分)

[资料]某企业2009年10月有关账户的记录如下:(单位:元)

账户名称	期初余额	本期借方发生额	本期贷方发生额	期末余额
银行存款	6 000	15 000		7 000
短期借款		6 000	7 000	5 000
应收账款	2 000		3 000	4 000
应付账款	6 000	4 000	3 000	
盈余公积	4 000	2 000		3 000

[要求]在空栏中填入正确的数字。

参考答案

一、单项选择题

1. C　2. D　3. D　4. A　5. B　6. D　7. A　8. A　9. A　10. C　11. D　12. B　13. C　14. A　15. A　16. C　17. A　18. B　19. B　20. C

二、多项选择题

1. ABD　2. BC　3. BD　4. BCD　5. ABCD　6. ABC　7. ABCD　8. ABC　9. ABD　10. BC

三、判断题

1. √　2. ×　3. ×　4. √　5. ×　6. ×　7. ×　8. √　9. √　10. ×

四. 实训题

实训一

1. 借:在建工程	200 000	
贷:长期借款		200 000
2. 借:在途物资	30 000	
应交税费——应交增值税(进项税额)	5 100	
贷:预付账款		35 100
3. 借:在途物资	420	
贷:库存现金		420
4. 借:制造费用	320	
贷:银行存款		320
5. 借:银行存款	40 000	
贷:营业外收入		40 000
6. 借:应收账款	76 940	
贷:主营业务收入		65 000
应交税费——应交增值税(销项税额)		11 050
库存现金		890
7. 借:短期借款	100 000	
贷:银行存款		100 000
8. 借:销售费用	3 000	
贷:银行存款		3 000
9. 借:固定资产	60 490	
应交税费——应交增值税(进项税额)	10 200	
贷:应付账款		70 690
10. 借:制造费用	3 400	
管理费用	650	
其他业务成本	120	
贷:累计折旧		4 170
11. 借:其他应收款	20 000	
贷:银行存款		20 000
12. 借:应付票据	30 000	
贷:应付账款		30 000
13. 借:银行存款	5 000	

贷:其他应付款 5 000

14. 借:生产成本 4 320

贷:制造费用 4 320

15. 借:主营业务成本 899 030

贷:库存商品 899 030

16. 借:本年利润 9 800

贷:管理费用 9 800

17. 借:营业外支出 3 000

贷:银行存款 3 000

18. 借:本年利润 8 630

贷:所得税费用 8 630

19. 借:本年利润 239 870

贷:利润分配——未分配利润 239 870

20. 借:利润分配——提取法定盈余公积 23 987

贷:盈余公积 23 987

实训二

账户名称	期初余额	本期借方发生额	本期贷方发生额	期末余额
银行存款			14 000	
短期借款	4 000			
应收账款		5 000		
应付账款				5 000
盈余公积			1 000	

参 考 书 目

1. 金跃武,基础会计[M],高等教育出版社,2006 年 7 月第 2 版

2. 金跃武,基础会计习题集[M].高等教育出版社,2006 年 7 月第 2 版

3. 葛军,会计学原理[M],高等教育出版社,2007 年 7 月第 3 版

4. 葛军,会计学原理习题集[M],高等教育出版社,2007 年 7 月第 3 版

5. 孙杰、顾爱春、贺军等,新编基础会计[M],电子工业出版社,2009 年 3 月第 1 版

6. 孙杰、顾爱春、贺军等,新编基础会计学习指导与练习[M],电子工业出版社,2009 年 3 月第 1 版

7. 云南省会计从业资格考试辅导教材编写组,会计基础[M],经济科学出版社,2009 年 5 月第 1 版

中国经济出版社高职高专教材目录

序号	书号 (978-7-5017-)	书名	主编	出版时间	定价
十一五高职高专财经管理类规划教材					
1	8109-6	财务管理	李晓妮、祝建军	2007.06	35.00
2	8575-9	财务会计	吴榕	2009.01	42.00
3	8953-5	财务会计习题与实训	吴榕	2009.01	24.00
4	8103-4	财务会计	杜国良、王金台	2007.06	36.00
5	8104-1	财务会计实训	王新钢	2007.06	26.00
6	8101-0	成本会计	刘晓玉、尹莎莉	2007.07	30.00
7	8102-7	成本会计实训	苏启立、简东平	2007.06	15.00
8	8110-2	管理会计	侯丽平、李友林	2007.06	38.00
9	8105-8	会计电算化	钟齐整、苏启立	2007.06	25.00
10	8106-5	会计电算化实验教程	钟齐整	2007.06	26.00
11	8445-5	会计电算化教程	王金台	2008.02	32.00
12	8107-2	基础会计	丁增稳、王美玲	2007.06	26.00
13	8368-7	基础会计	吴榕	2008.05	29.80
14	8313-7	基础会计实训	丁增稳	2007.11	18.00
15	8108-9	基础会计习题集	丁增稳	2007.06	15.00
16	8357-1	经济法	王雪峰、武鸣	2008.01	30.00
17	8099-0	审计学原理	马西牛、赵文红	2007.06	36.00
18	8111-9	税法	王金申、常丽艳	2007.06	39.00
19	8112-6	统计学原理	王佐芳、芮宝宣	2007.07	45.00
20	8100-3	综合模拟会计实训	马成旭	2007.07	35.00
十一五高职高专经贸管理类规划教材					
21	8113-3	市场营销原理	周文根、王瑶	2008.08	22.00
22	8114-0	市场调查与预测	刘登辉、韩千里	2008.05	28.00
23	8370-0	市场营销原理与实务	王春兰	2008.03	30.00

续 表

序号	书 号 (978－7－5017－)	书 名	主 编	出版时间	定 价
十一五高职高专经贸管理类规划教材					
24	8567－4	市场营销基础实训与指导	王瑶	2009.06	16.00
25	8561－2	消费者行为分析	平建恒、王惠琴	2008.06	24.00
26	8562－9	市场营销策划	张建华、李高伟	2008.06	36.00
27	8563－6	实用推销技术	薛辛光、隋兵	2008.05	30.00
28	8564－3	市场营销	谭蓓	2008.06	32.00
29	8565－0	广告原理与策划	周峰、袁长明	2008.05	30.00
30	8566－7	商务谈判与沟通	王爱国、高中玖	2008.06	26.00
31	8569－8	分销渠道设计与管理	居长志、郭湘如	2008.06	22.00
32	8570－4	市场营销实务	居长志、周文根	2008.08	29.80
33	8544－5	物流与信息技术	阎光伟	2008.06	28.00
34	8545－2	电子商务概论	聂相玲、孔德瑾	2008.06	30.00
35	8546－9	电子商务技术	张传玲、王洛国	2008.06	32.00
36	8547－6	电子商务综合实训	陈月波、田玉山	2008.06	30.00
37	8548－3	网络信息编辑与发布	谭云明	2008.06	38.00
38	8549－0	网络商务信息采集	谭云明	2008.06	28.00
39	8550－6	电子商务网站建设与维护	章剑林、孙波	2009.01	28.00
40	8551－3	商务网页制作	田玉山、孙波	2008.07	34.00
41	8553－7	电子商务与现代物流	陈建斌	2008.07	29.80
42	8554－4	外贸单证与函电	聂相玲、付建全	2008.06	32.00
43	8660－2	商务英语会话	李地	2008.07	25.00
21世纪高职高专精品课程系列					
44	9268－9	高等数学	陈福川、卢璟	2009.08	26.00
45	9265－8	管理学基础	王雪峰、段学红	2009.08	30.00
46	9276－4	人力资源管理	王慧琴	2009.08	32.00
47	9267－2	组织行为学	马慧、李霜	2009.08	30.00
48	9319－8	财政与金融	杨明	2009.08	28.00
49	9270－2	国际贸易实务操作教程	王正华、杨杰	2009.08	38.00
50	9624－3	会计学基础	芮福宏、李艳	2010.01	29.00
51	9625－0	会计学基础实训	李艳、王鸿艳	2010.01	22.00
52	9626－7	财务会计	李晓兵、宋玉章	2010.01	38.00

续 表

序号	书 号 (978－7－5017－)	书 名	主 编	出版时间	定 价
21世纪高职高专精品课程系列					
53	9627－4	高级财务会计	杨靖、李晓兵	2010.01	30.00
54	9628－1	成本会计	焦桂芳、贾讲用	2010.01	22.00
55	9629－8	成本会计实训	国秀芹、王娜	2010.01	20.00
56	9630－4	财务管理	田瑞、位涛	2010.01	35.00
57	9631－1	审计学	王娜、翟铮	2010.01	33.00
58	9632－8	国际贸易理论与实务	万锦红、王正华	2010.01	30.00
59	9633－5	国际贸易货运代理实务	杨浩军、丁红英	2010.01	28.00
60	9634－2	国际贸易制单实务	符兴新、陈广	2010.01	30.00
61	9635－9	报关实务	王超、万锦虹	2010.01	30.00
62	9636－6	集装箱运输实务	陈广、蔡佩林	2010.01	38.00
63	9637－3	仓储管理实务	杨思东、黄静	2010.01	38.00
64	9638－0	采购管理与库存控制	鲁楠、张润卓	2010.01	28.00
65	9639－7	经济法实用教程	张新莉、武鸣	2010.01	35.00
66	9640－3	市场营销基础与实务	隋兵、武敏	2010.01	36.00
67	9641－0	税收基础与实务	王美玲、宋振水	2010.02	36.00
68	9186－6	模拟工商登记实训	王瑶	2010.02	20.00
69	9530－7	企业会计实训教程	吴榕	2010.02	48.00
应急管理系列(研究生)教材					
70	9247－4	突发事件应急管理导论	宋英华	2009.05	36.00
71	9392－1	安全事故应急管理	庄越、雷培德	2009.08	32.00
72	9257－3	突发公共卫生事件应急管理	万明国、王成昌	2009.10	36.00
73	9157－6	自然灾害应急管理	张乃平、夏东海	2009.11	38.00
组织运行管理系列					
74	8987－0	组织凝聚力	马作宽	2009.03	30.00
75	8985－6	组织合作与竞争	马作宽	2009.03	28.00
76	8982－5	组织变革	马作宽	2009.03	32.00
77	8989－4	组织战略	马作宽	2009.03	28.00
78	8984－9	组织文化	马作宽	2009.03	32.00
79	8988－7	组织员工管理	马作宽	2009.03	30.00

续 表

序号	书号 (978-7-5017-)	书名	主编	出版时间	定价
组织运行管理系列					
80	8983-2	组织激励	马作宽	2009.03	32.00
81	8986-3	组织绩效管理	马作宽	2009.03	32.00
博士研究生入学考试辅导					
82	9191-0	全国重点院校考博英语真题详解	张艳霜、王芳、杨勇、孙璇	2009.08	45.00
83	9329-7	考博英语综合应试一本全	张艳霜、王芳、杨勇、孙璇	2009.08	30.00
84	9335-8	考博英语阅读理解强化训练150篇	张艳霜、王芳、杨勇、孙璇	2009.08	42.00
85	9330-3	全国重点院校考博英语模拟试题精解	张艳霜、王芳、杨勇、孙璇	2009.08	42.00
86	9334-1	考博英语听力高分突破	王芳、杨勇、孙璇	2009.08	28.00
87	9337-2	考博英语词汇、语法与完形填空强化训练	张艳霜、王芳、杨勇、孙璇	2009.08	29.00
88	9333-4	征服考博英语词汇10000例	王芳、杨勇、孙璇	2009.09	30.00
硕士研究生入学考试辅导					
89	9161-3	全国硕士研究生入学考试辅导教程·数学(经济类)	黄丽平、卢明、童武	2009.04	48.00
90	9368-6	全国硕士研究生入学考试辅导教程·政治(新考纲)	李春艳、涂振旗、冯静	2009.04	78.00
91	9162-0	全国硕士研究生入学考试模拟试题与历年真题精解(1990-2009)·数学一	黄丽平、卢明、童武	2009.05	38.00
92	9156-9	全国硕士研究生入学考试模拟试题与历年真题精解(1990-2009)·数学二	黄丽平、卢明、童武	2009.05	38.00
93	9160-6	全国硕士研究生入学考试模拟试题与历年真题精解(1990-2009)·数学三	黄丽平、卢明、童武	2009.05	40.00
94	9195-8	全国硕士研究生入学考试历年真题精解(1999-2009)·政治	李春艳、涂振旗、冯静	2009.05	28.00
95	9155-2	全国硕士研究生入学考试辅导教程数学(理工类)	黄丽平、卢明、童武	2009.06	60.00
96	9159-0	全国硕士研究生入学考试辅导教程·英语	张一平、万敏、张艳霜、薛美玲	2009.06	49.00
97	9231-3	全国硕士研究生入学考试英语词汇记忆手册	刘仕美、张艳霜	2009.06	55.00
98	9158-3	全国硕士研究生入学考试历年真题精解(1997-2009)·英语	张一平、万敏、张艳霜、薛美玲	2009.06	45.00

续 表

序号	书 号 (978－7－5017－)	书 名	主 编	出版时间	定 价
国家公务员录用考试教材					
99	9383－9	行政职业能力测验	公务员录用考试命题研究中心,公务员录用考试教材编写中心	2009.09	48.00
100	9387－7	行政职业能力测验历年真题精解		2009.09	29.00
101	9389－1	行政职业能力测验预测试卷与答案详解		2009.09	34.00
102	9386－0	公共基础知识过关2000题精解		2009.09	38.00
103	9385－3	面试综合辅导与1000题精解		2009.09	32.00
104	9384－6	申论综合指导与命题预测试卷		2009.09	46.00
105	9382－2	公共基础知识		2009.09	54.00
MBA及企业培训教材					
106	9218－4	高效人力资源管理案例:MBA提升捷径	宋联可、杨东涛	2009.06	28.00
107	9223－8	新员工入职礼仪培训手册	未来之舟	2009.08	28.00
108	9222－1	销售礼仪	未来之舟	2009.08	28.00
109	9193－4	银行票据产品培训	陈立金	2009.10	39.80
110	8882－8	银行客户经理25堂课	陈立金	2009.02	38.00
其 他					
111	8629－9	大学语文与写作	倪新生	2008.07	38.50
112	9187－3	大学生职业生涯规划	于长湖	2009.07	25.00
113	6927－8	创新创造能力训练(修订版)	陶学忠	2009.11	32.00
114	9455－3	创新思维与创新技法新编	曹连霞	2010.01	26.00
115	9261－0	房地产市场分析理论与实务	张东祥	2010.01	36.00
116	9656－4	动荡时代的企业责任:21世纪面临的挑战	图尔德(荷兰)	2010.02	49.00

订购单位信息:	出版单位信息:
单位名称:	单位名称:中国经济出版社
联系人:	联系人:焦晓云
联系电话:	联系电话:010－68319290,13520972462
发货地址:	E－mail:jiaoxiaoyun@126.com
邮政编码:	地址:北京市西城区百万庄北街三号
备 注:	邮 编:100037
中国经济出版社财务信息:	
开户名:中国经济出版社	开户行:工商行百万庄支行
账 号:0200001409004607454	税 号:110102100007883
地 址:北京西城区百万庄北街三号	电 话:88386792

如您有订购需要或任何关于以上教材的疑问或建议,欢迎与我们联系!